インドのヨガ
偉大な師たち

ヨガ2500年の足跡

紀元前500年から21世紀へ

木村 慧心 推薦

ビラード・ラージャラーム・ヤージニク 著

橋本 光 日本語版監修

塩崎 香代 翻訳

推薦のことば

全世界でインド伝統のヨガ／ヨーガが広く普及して久しい。調和を尊ぶヨガではあるが、自分の関係するヨガが最高と思って実習している者も多い。こうした現状にインド側から一石を投じたのが本書であると思う。

本書では1920年に渡米したと言われるパラマハンサ・ヨガナンダの紹介から始まり、特に西洋諸国に渡ったヨガ指導者たちを紹介しているが、著者B.R.ヤージニク氏は多くの指導者名をあげると共に「昨今のヨガの復活は、現代の人々の様々なニーズに応えるものであり、したがってヨガの形も様々である」と記している。更に「ヨガが今日あるのは、まさにその（現代社会のニーズに応える）適応力による。今日のヨガとその人気は、ヨガの技術を現在の形に仕上げるために、明らかにし、文章にし、指導し、絶えず検証・刷新してきたインドのヨガの師による壮大な貢献なくしては、存在し得なかったものである」と記して、多くの有名・無名のヨガ指導者たちがそれぞれの立場で持てるヨガの智慧を最大限に発揮した努力が、今日の普及につながっていることを記している。

本書は「ヨガの歴史的文献や後世のインドの指導者による聖典解釈」を紹介しているが、こうした伝統的ヨガを現代の競争社会の中で活用する為の努力が今日でも続けられている。私が初めてインドに住んだ1970年代初頭、インドに来ている若者たちは米国や欧州、それにアジアからは日本人たちだけだった。それから40年後の今や、中国・韓国・ロシア等経済発展著しい諸国からの若者たちが、ヨガを学ばんとインドに押し寄せてきている。そしてヨガの本家インドにおいてすら、これまでに例を見ないほどの国民こぞってのヨガ・ブームが到来している。こうした世界的現象から、経済発展に伴うストレス社会の到来が人々をヨガ実習に駆り立てている構図が読み取れると思う。本書を紐解く読者は世界的一大産業となっているヨガの世界をこうした視点から読み解くと面白いと思う。

ヨガの未来であるが、一般人の抱えるストレス処理・ストレス諸疾患の為に活用するには、西洋医学が解剖学と生理学を治療の基礎理論としているように、ヨガ指導者たちも伝統的ヨガの心身構造論である“人間五蔵説”と心身機能論としての“ヨガの聖典群”を良く理解してから生徒の心身状態を見立て、更に伝統的ヨガが聖典で規定する“正常な心身状態へと導く”必要があると思う。

本書の最後にあって著者は“万人への平和の祈り”を持って本書を締めくくっている。本書の読者の皆様が全世界に流布されているヨガの智慧を全人類の“調和実現”の為に活用されることを願ってやまない。

木村　慧心

序 文

私の人生の旅路は、人生のビジュアルな側面と変化という２つの要素に影響を受けた。ヒンドゥー教の司祭であるブラーミンの家庭に生まれ（ヤージニクの名は、火の祭式、ヤグニャを執り行うものを意味する「ヤグニャ・カリ」からきている）、家には厳格な行動規範と儀礼があったが、代々にわたりカースト、コミュニティ、地域の枠を飛び出し、変化を実践してきた一家であった。同一地域内での見合い結婚という慣習を破って、地域の枠を越えた見合い結婚を行い、多数の言語やインドおよび世界の文化を取り入れてきたことも、変化の一側面に過ぎない。

個人的には、過去３年間にわたり、タイのパンガン島からニューヨーク、ロサンゼルス、フランクフルトの通りに至るまで様々な場所でヨガを見てきた。すべての大陸の人々に出会い、聞かせてもらったヨガへの情熱は、自分の心の奥深くを辿るきっかけとなった。

ガーヤトリー・マントラとオームの誦読は、７歳の時、ベッドに入る前に兄弟とマントラを唱えた思い出をよみがえらせた。蓮華座は、祭りの日の昼食での座り方を思い出させた。私にとってそれは、ラーマーヤナ、マハーバーラタの叙事詩に織り込まれ、子供時代を通じて語られた根本原理を呼び覚ますものだった。

また、ヨガの起源はヒンドゥー教の神話や宗教に深く関わっているものの、ヨガはヒンドゥー教を広めようとするものではなく、いわば人生の「標準手引書」となっていることにも気づいた。ヨガとは、どう生きるか、すなわち人類のための指南書なのである。

私にとり本書は、この古代の芸術をさらに探求し、世界に紹介するための出発点である。

本書について

９ヵ国でヨガを写真に収め、編集することは素晴らしい作業だった。１つ際立っていたことは、世界中に莫大な数のヨガの愛好家がいたことだ。ヨガはそれぞれの地域に適応し、今や世界的な現象となっている。2500年前にインドで始まったヨガは、今日、世界のものとなっている。

したがって表題部分には、変化と通じ合うヨガを象徴した回転する輪と師の役割を表すダルマチャクラ・ムドラーを掲載するのがふさわしいと考えた。この３年間、ヨガの歴史と９人の師の足跡を辿り、これらの師がこのヨガの性質を利用して、健康でスピリチュアルな生活をいかに広めようとしたかを垣間見ることができた。

ヨガの成功は世界中で受け入れられたことであり、各地域、文化、時代に合わせて変化できるヨガの適応力がそれを可能にした。その良い例は、2,500年前のパタンジャリのヨーガ・スートラだ。シヴァ神とその舞踊をヨガの書として書き著すことは、ヨガ的な生き方の利点をこの地域の人々に伝える最上の方法だった。20世紀初期、ヨガナンダとシヴァナンダはヨガのスピリチュアルな側面を伝えた。ヨガナンダは、対話と討論を通じて西洋の人々の心を豊かにすべく海を渡った。一方、シヴァナンダは、海外から帰国し、貧しい人たちに奉仕するため、また著作活動に励むため、リシケーシュに拠点を設けた。

クリシュナマチャリヤは、四住期のうち、ヴァーナプラスタ（林棲期）とサンニャーサ（遊行期）で通常行われるヨガの修行を、グリハスタ（家住期）へと持ち込んだ。グリハスタでは肉体的活動がより大きいため、彼はヨガの「ハタ」の側面を強調した。３人の弟子、ジョイス、アイアンガー、クリシュナマチャリヤの息子のデシカチャールは、インドの３つの地域でその時代に合ったヨガを発展させた。この３人の弟子たちの指導とヨガのスタイルは、インドを離れて他の大陸まで伝わった。これは３人の大きな功績である。今日、彼らはたくさんの生徒のために世界中を飛び回っているが、拠点はインドに持ち続けている。

カルカッタ出身の若者、ビクラム・チョードリーは、西洋におけるヨガの指導法、練習法を変えた。彼は近代ヨガの師であり、コントロールされた環境で26のポースに簡素化したヨガを編み出し、この古代の技を教えるスクールのチェーンを世界に作った。彼は何が必要とされているかを見つけ、西洋で受け入れられるシンプルで効果的なソリューションを作り出した真の師である。

変化に適応するヨガの力を示したごく最近の最良の例は、マスター・カマルだろう。

マスター・カマルは、テレビ番組、ポッドキャスト、YouTube、ウェブ、携帯電話のダウンロードという新たな媒体を用いて、東南アジアでのフィットネス・ヨガの大流行を生んだ。オープンソース・ソフトウェアや情報の自由な拡散という哲学が彼の周りにあふれている。

チーム

この本を制作するにあたり、多大な努力と情熱を献身的に注いでくれたビジュアル・クエスト・ブックスのデザイン・編集・制作チームに心から感謝したい。

各国で私を支援し、ご指導下さった支持者、研究者、ヨガの実践者、カメラ・サポート・チームの皆様にも謝意を表したい。本書の謝辞欄はあまりにも小さく、オンライン・オフラインで、また遠隔地からご指導下さった多数の方々の名を入れることはできなかったが、この比類のない芸術に世界的視点を与えて下さったすべての方々に感謝したい。

過去、現在、未来への献辞

私の人生における変化を擁護してくれたこれらの人たちに本書を敬意をもって捧げる。私が名を受け継いだラージャラーム、変化の起点は１人の人物、１つの心、１つの考えにあると信じたその息子、シヴシャンカル、その孫で枠を超えて考えるように教えてくれた私の祖父、キショールカント、ラージャラームのひ孫で、若年期に変化を試みることを許してくれた私の父、ヴァトサル、そして私と変化を共有してくれた２人の弟、サントーシュとシュリマーン。

本書は、同様に妻、母、姉妹、娘ら一族代々の女性たち、ヒラ、ニヴェディタ、タラ、ヴァイシャリ、ディープティ、カラ、アニタの功績でもある。

最後にラージャラームから数えて６代目にあたる最も若い世代のアディヤ、アニヤ、ネヴァにもお礼を言いたい。彼女たちの年齢は足しても10歳に届かないが、最も純粋な形の愛と思いやり、創造性の意味を我々に教えてくれた。

ビラード・ラージャラーム・ヤージニク
2009年3月1日 インドにて

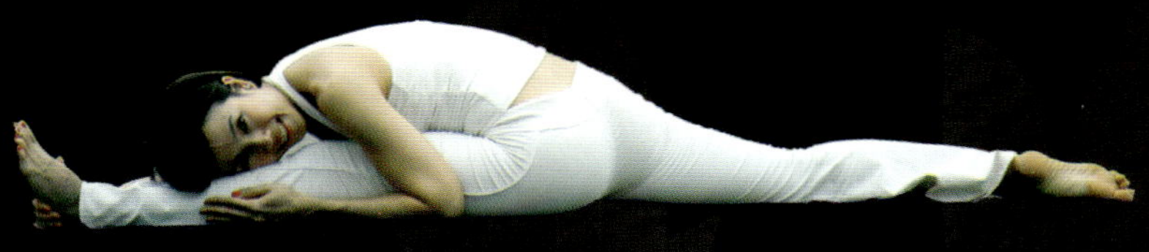

破壊の神、シヴァ

ヨガは2500年前の誕生以来、その時代のグローバルな意識のほとんどあらゆる側面に触れてきた。何世紀にもわたり、実際的なニーズと哲学的な要望に無数の方法で応えてきたが、それがヨガの新鮮さと有効性を維持することにつながっている。

インドにおいて知識は伝統的に、師から弟子へと継承することで常に保持されてきた。

ヨガは、バガヴァッド・ギータで神自身が帰依者に説明して以来、実証され、体系化、活性化され、パタンジャリ、仏陀、パラマハンサ・ヨガナンダ、スワミ・シヴァナンダ・サラスワティやヒマラヤで修行するヨガ指導者の著作や教えを通じてより広い世界へと次第に伝えられていった。逆説的なようだが、ティルマライ・クリシュナマチャリヤ、K.パタビ・ジョイス、B.K.S.アイアンガー、ビクラム・チョードリー、T.K.V.デシカチャール、マスター・カマルのような師の名は、今日、インド国外でより知られている。彼らの開くクラスには、ハタ・ヨガ、プラーナーヤーマ、メディテーションの生徒がどんどん集まり続けている。

ヨガがどのように時代を通じて変化してきたか、またそれぞれの師がその時代の必要性に応じてヨガをどのように解釈し直し、形を変えてきたかを見ると、活力があり、ダイナミックなヨガの性質を知ることができる。

本書は、初期の歴史的文献の記述や、後世のインドの指導者による解釈を通じてヨガの足跡を辿るものである。

“Tesām satatayuktanām bhajatām pritipūrvakam
Dadāmi buddhi yogam tam yena māmupayānti te
Bhagavad Gita, X:10

私への信愛と奉仕に忠実なるものに、
私に至ることができるヨガの知性を授ける。

バガヴァッド・ギータ（10:10）

戦車に乗るクリシュナ神とアルジュナ

ヨガの起源

1

神話の中の師

バガヴァッド・ギータ

バガヴァッド・ギータ（神の詩）は、叙事詩マハーバーラタのクルクシェトラの戦いでクリシュナ神が語ったヨガとヴェーダの哲学を集めた700節の見事な詩集である。この中で、パンダヴァの王子、アルジュナは、従兄弟たちであるカウラヴァ 100王子との戦いを前にダルマ（道徳的正義）をめぐる迷いから戦意を喪失し、クリシュナ神は彼に助言を与える。およそ3000年前に編集されたこの書は、人間の魂を絶対的なブラフマンと結合させる（すなわちヨガ）ために、精神的で複雑な哲学を高度に実際的な助言と結びつけた傑作であり続けている。その理論はサーンキヤで、実践はヨガである。よって同書はダルマシャストラ（法典）というよりむしろヨガシャストラ（ヨガ的な達成への手引き）とみなされている。

定義*

ギータの中で、ヨガという言葉は様々に解釈されている。“*yujir yoge*”という言葉に語源を求めれば、ヨガは「神の中の永遠なる体系」を意味する。クリシュナ神は、ヨガの定義を“*samatvam yoga ucyate*”、すなわち「ヨガとは、均衡もしくは平静」と述べている（ギータ、2:48）。ヨガは勝ち負けに際して、自らの内に心の安定を維持するものである。快楽への執着、悲しみの忌避から自由であり、常に高次の我、すなわち神格との合一の状態にある完全なヨギは、心の平静、つまりヨガを達成しているのである。

行為の結果への無執着ということから“*yogah karmasu kausalam*”、すなわち「ヨガは行為における技」（ギータ、2:50）という次の定義が導かれる。したがって常に高次の我の中にあるヨギは、自我を超えた大きな力に頼り、うまく行いを果たす。

“*yuj samadhau*”を語源とすれば、ヨガは瞑想中に心が完全な平静に達した時の、チッタ（心）の安定を意味する。“*Yatroparamate cittam niruddham yogasevaya*”（安定した心に真我が現れる、ギータ6:20）。これは心が瞑想によって抑制され、落ち着く時のことを述べている。最も内側にある真我という唯一の目標に向け、意識を集中することをダーラナと言う。一方、すべての雑念を無視し、真我に向けて心が流れ続けることをディヤーナ（瞑想）と呼ぶ。

“*Yuj samyamane*”という語源から、ヨガは神的プロセスを導く力をも指している。アルジュナに対し創造の神という真の姿を明らかにしたクリシュナは、“*Pasya me yogam aisvaram*”すなわち「私のヨガの至高の力を見よ」（ギータ、11:8）と語っている。ここで言うヨガとは限定的な意味ではなく、相反する真実の均衡をコントロールし続ける永遠の創造的エネルギーを意味している。

ヨガには漸進的な意味がある。まず、ヨギは感覚を引っ込め、心の平静を実践しなければならない。心が平衡状態に達したら、卓越した神的な力（シッディ）の達成と霊的な没入（サマーディ）がそれに続く。最後には自我が消え、至高意識、パラマートマンに魂が最後の融合を遂げる。

**サダカ・サンジーヴァニのスワミ・ラームスクダース*

クルクシェトラの戦場で普遍的な神の姿（ヴィシュワルーパ）を見せるクリシュナ神

3つのヨガ

これまでの定義で見てきたように、ギータでは、ヨガという言葉を心と感覚を抑制するという狭い意味だけで使用してはいない。ヨガが第一に含む意味は、神との合一もしくは親交である。合一は正しい行為、正しい献身、正しい知識によってのみ達成されるため、ギータはしばしばカルマ・ヨガ、バクティ・ヨガ、ジュニャーナ・ヨガのそれぞれのセクションに便宜上分けられることがある。しかし、バガヴァッド・ギータはこれらの部門に内容を厳密に限っているわけではない。ブッディ（意識）のヨガ、ディヤーナ（瞑想）のヨガ、サンニャーサ（出家遊行）のヨガについても語っている。これらのヨガの様々な面は、実際に実践面で別れているのではない。以下に見ていくように、分析のため便宜的に分けられているに過ぎない。

意志の鍛錬、すなわち行為の道がカルマ・ヨガ、知力の鍛錬、すなわち知識の道がジュニャーナ・ヨガ、感情の鍛錬、すなわち献身の道がバクティ・ヨガである。実践では、霊的な生き方が全てであり、体、心、知性の支配と統合を要する。

Yogāstrayo mayā proktā nrnām sreyo vidhitsayā
Jnānam karmam ca bhaktisca nopāyonyosti kutracit

Srimad Bhagavatam, XI.20:6

「人間を完成させるために授けたい3つのプロセス（ヨガ）は、
知識、行為、献身の道である。人の幸福にこれ以外の道は存在しない」

（シュリーマド・バーガヴァタム、11:20:6）

クルクシェトラの戦い

ディヤーナ（瞑想）・ムドラーの仏陀

Mārgāstryao me vikhyātā moksha prāptau nagādhipa
Karmayogo jnānayogo bhaktiyogasca sattama

Devi Bhagavatam, VII.37:3

「最終的な解脱（モークシャ）へと至る３つのよく知られた道がある。
カルマ・ヨガ、ジュニャーナ・ヨガ、バクティ・ヨガである。
このうち、バクティ・ヨガが最も易しい」

（デヴィ・バーガヴァタム、7:37:3）

これら３つのヨガを完成させ、救済に至るために、人は行動する能力（強さ）、理解する能力（知識）、信じる能力（信仰）の３つの力を与えられている。

解脱という至高の目的に到達するためには、無私の奉仕のために行動する力（カルマ・ヨガ）を使い、内なる真我の探求に知力（ジュニャーナ・ヨガ）を用い、神に絶対帰依して信仰する力（バクティ・ヨガ）を導いていかなければならない。

アルダナーリーシュヴァラ。
シヴァ神とその神妃、シャクティが組合わさった姿。
右半身が男性エネルギーのシヴァ神を、
左半身が女性エネルギーのシャクティを
あらわし、ひとつに統合されて
イシュリラ（神）となっている。

しかし、バガヴァッド・ギータが救済、自己覚醒のためにヨガの3つの道しか説いていないと考えるのは単純すぎる。同書はそのほかに、ヤジュニャ（犠牲）、ダーナ（慈善）、タパス（禁欲を通じた自己修養）、ディヤーナ・ヨガ（瞑想の訓練）、プラーナーヤーマ（調気法）、ハタ・ヨガ（身体の鍛錬）、ラヤ・ヨガ（無限なる神への没入）の概念についても述べている。

戦場におけるアルジュナの疑問は軍人の倫理に関するものではなく、むしろ形而上学的なものとして捉えるべきである。ギータの中では、解脱を達成する方法がいくつも詳述されているが、これはそうした観点から考えるべきものである。彼の疑問は、戦いで明確になった個人の心の内の葛藤である。

クリシュナ神によるラージャ・ヨガ（王の道）の説明は、アルジュナに対する教えであるだけでなく、人生という戦場において、際限のない我欲とつらい幻影の圧倒的な力に対してもがく全ての人のためのものである。クリシュナ神は、無知で盲目的な、また偽りの価値観やつかの間の経験にとらわれている人すべての混乱に直接対処しているのである。

ブッディ・ヨガ

ギータは、カルマ、ジュニャーナ、バクティの各ヨガを強調する一方で、覚（ブッディ）とその養成も高く扱っていることは注目に価する。ブッディは人間の心理作用において、相対的に高い重要度が与えられている。

Indriyāni parānyāhur indriyebhyah param manah
Manasastu parā buddhir yo buddheh paratas tu sah
「諸感覚は（肉体より）上位にあるとされる。マナス（意、思考器官）は諸感覚に優る。ブッディ（覚、知性、思惟機能）はマナスに優るが、アートマン（真我）はブッディに優る」（ギータ、3:42）

神の叡智を象徴するブッディは、したがって最高位の心的要素である。理性的な知性は、この霊的な意識の次に来るものに過ぎず、これによって導かれるべきものである。この啓発された理解が他のすべてのヨガの道への必須条件である。

3つのグナ

ギータは、ブッディとドリティ（不屈の精神、堅固）にはサットヴァ（純質）、ラジャス（激質）、タマス（暗質）の3つの質つまりグナがあると考えている。ギータは、心と感覚をコントロールするには堅固さがなければ知性だけがあっても無駄だとして、知性と不屈の精神を一緒に言及している。

Pravrttim ca nivrttim ca kāryakārye bhayābhaye
Bandham moksham ca yā vetti buddhih sā pārtha sāttviki
「自己本位の行為の道と放棄の道、正しい行いの道と誤った行いの道、恐怖をもたらす道と安心をもたらす道、束縛をもたらす道と解脱をもたらす道を見分ける知性、それはサットヴァ的（調和のとれたバランスと善）なものである」（ギータ、18:30）

Yayā dharmam adharmam ca kāryam cākāryameva ca
Ayathāvatprajānāti buddhih sā pārtha rājasī
「ラジャス的な知性は、正義（ダルマ）と不義（アダルマ）をゆがませ、正しい行為と正しくない行為を混乱させる」（ギータ、18:31）

クリシュナ神は、ラジャス的な（情熱的で落ち着きがない活発さ）知性の性質を、興奮と執着により誤って導かれたものとし、明確なビジョンに欠け、見識なく行動すると説明している。そのような物質主義者には心配と自己疑念がつきまとい、またしばしば幻滅し、この上なく堅固な盲目的自尊心のとりでを築き上げる傾向がある。

Adharmam dharmam iti yā manyate tamasāvrtā
Sarvārthān viparītamsca buddhih sā pārtha tāmasī
タマス的知性は、暗闇に覆われ、正義と不義を全く逆に捉える。（ギータ、18:32）

タマス的な（不活発な、無知な、鈍い）知性は暗闇に覆われ、悪い価値を正しいと捉え、すべての物を曲解する。

これらの説明から、サットヴァ的知性に導かれることなくしては、カルマ・ヨガの道は性急な愚かな行為に、バクティ・ヨガは愚鈍な迷信に満ちた信仰に、ジュニャーナ・ヨガは抽象的な論争のための論争にしかならないことが分かる。

ブッディ・ヨガが修養の基礎にあると強調するのは、完全に発達し、統合された、ダイナミックな魂を確実にもたらすためなのである。

このことは、何かを新しく始めるときはいつでも、ブッディの化身・ガネーシャ神に祈りを捧げるヒンドゥー教の信仰に象徴されている。

象の頭を持つ神、ガネーシャ

ハヌマーン神

カルマ・ヨガ（行為の道）

ギータは、カルマ・ヨガの道の説明において、誠実な霊的求道者が幻影の世界でどのように行動すればよいかを示している。人は行いの必要性から逃れることはできない。しかし、行為の成果や報いへの執着なしに行われる無私の行為の道がカルマ・ヨガである。

ここで報いは、外的なものと内的なものに区別されている。カルマ・ヨガの結果生じる内的な霊的成長は、その持続性と質において、外界で獲得されるあらゆる世俗的な認知を超えたものである。

Nehābhikramanāsosti pratyavāyo na vidyate, Svalpamapyasya dharmasya trayāte mahato bhayāt
「この道（カルマ・ヨガ）での努力は、無駄になることも失敗することもない。霊的覚醒に向けたほんの少しの努力でさえ、大いなる恐れ（輪廻転生）から人を守る」（ギータ、2:40）

Karmanyevādhikaraste mā phalesu kadācana,
Mā karmaphalaheturbhurmā te sangostvakarmani
「あなたには務めを行う権利はあるが、その結果に対する権利はない。自分自身をその結果の創造者とみなしてはならないし、何もしないことに執着してもならない」（ギータ、2:47）

他者に対する無私の奉仕という形で行為を行うことによって、自らの内に救済を達成できるように、神は人に身体を授けた。

もし求道者（*）が存在の目的を外界から内なる自己に移したなら、また世俗的な結果に気をとめず、自らの行いの精神的価値のためだけに努力するなら、その人は真に神的な悟りの道の上にある。

“*Vyavasayatmika buddhirekeha*”、すなわち内なる決意（ギータ、2:41）は、解脱を求める人に必須のものである。その探求の努力には、失敗も無駄もない。そうした人にとって物質的世界は目的ではなく、周辺的なものでしかない。よって、つかの間の様々な邪魔に乱されることなく、一点に集中した決意の下で行われる行為は、意識を内なる「真実」の経験へと導く。この神的な視点によりヨギは、「最大の苦悩でさえ奪い去ることはできない（ギータ）」深い至福の状態に入る。

「あなたの知性が二元的な迷妄を克服したとき、聞くであろうことと聞いたことに対して超然とした状態となる。観念に惑わされず、意識が内なる至福に完全につながれたとき、最終的合一（ヨガ）に到達するだろう」（ギータ、2:52-53）

したがってカルマ・ヨガは、実践者が何の成果も得られないということではない。逆に実体ある物質的利益を否認することで、幾千倍もの精神の霊妙な果実を収穫することができる。

ギータの中では、神自身が至高のカルマ・ヨギとして描かれており、クリシュナ神の言葉にそれを見ることができる。

Na me pārthāsti kartavyam trisu lokesu kincana, Nānavāptam avāptavyam varta eva ca karmani
「プリタの息子（アルジュナ）よ、三界に私が得られるものはなく、また私が得るべきもので得ていないものもない。何も必要ではないが、それでも私は行為し続ける」（ギータ、3:22）

神が自身のために必要なものは何もなく、未完のものも達成すべきものもないが、無私の行為を続ける。神は自らの義務を放棄することなく果たし、各人の精神が真の遺産に目覚めるように、人間の良心を通じ、また覚醒した師を通じて働きかける。カルマ・ヨギもまた、この世界で無私の奉仕を行うために身体、感覚、心、知性を捧げなければならない。

クリシュナは続ける。「私がもし、この継続的な務めを止めれば、皆直ちに私を真似るだろう。私が行為することをやめれば、宇宙の混乱を引き起こし、最終的に世界と人類を滅ぼすだろう」（ギータ、3:23-24）

彼はこうして皆が従うべき範を示す。

Karmanyakarma yah pasyedakarmani ca karma yah, Sa buddhimān manusyesu sa yuktah krtsnakarmakrt
「行為の中に無為を見出し、無為の中に行為を見い出すヨギは、人々の間の覚者である。彼は全ての行為の目的を達成している（そして自由である）」（ギータ、4:18）

この節は明らかに矛盾している。覚醒したヨギは世界の全ての行為の中に無為（すなわちブラフマン、神の静寂）を見る一方で、ブラフマンの中で全ての創造が動く様（無為の中の行為）を見るという。彼自身の行為が成果に縛られることはなくなり（ニシュカマ）、肯定的な結果も否定的な結果も生み出さず、カルマに定められた止むことのない輪廻転生のサイクルから自由になる。

叙事詩「ラーマーヤナ」に登場する、ラーマ王子の献身的な補佐役、ハヌマーンは奉仕によるヨガの一例である。

* スワミ・ラームスクダース

バクティ・ヨガ(信愛の道)

Yogināmapi sarvesām madgatenān-tarātmanā, Sraddhāvān bhajate yo mām sa me yuktatamo matah

「ヨギの中で最も信愛なるものは、私に完全に没入し、信愛をもって信仰する男女である」(ギータ、6:47)

神は全霊を傾けた献身、すなわちバクティ・ヨガの道を進む帰依者に最も愛着をもっていると宣言している。

アートマン(魂)とパラマートマン(神)は質的には1つであるが、この真理に気づくことは途方もなく難しい 。個々の魂は自我、感覚、心という鎖によって外の世界のとりこになっている。

神のバクター(帰依者)は、無私の圧倒的な信愛を神に捧げることによって、その流れをパラマートマンに向け直す。このように深く自らを委ねることで、最終的には信愛の対象との至福に満ちた合一という頂点に達し、全ての二元性を永遠に破壊する。解脱したバクティ・ヨギに自我は残されておらず、自分と信愛の対象は、永遠の合一にある。

Brahmabhūtah prasannātma na socati na kānksati, Samah sarvesu bhūtesu madbhaktim labhate parām, Bhaktyā mām abhijānāti yāvān yas cāsmitattvatah Tato mām tattvato jnātvā visate tadanantaram

「神と一体になったものは、我執と憂いのない喜びに常にあふれる。あらゆる生命の中にいる私に仕え、私への至高の献身に到達する。私を愛することで私の真理(タットヴァ)を知り、無限の存在である私に入る」(ギータ、18:54-55)

外の世界は壊れやすく、常に変化するが、アートマンは永遠で変化することはない。魂がこのはかない世界と結びついているうちは、二元性と死という幻影の中にある。これらの願望(ヴァーサナー)と霊的つながり(サンスカーラ)が輪廻転生のカルマのサイクルへと導く。

行為(カルマ・ヨガ)、知識(ジュニャーナ・ヨガ)、献身(バクティ・ヨガ)の修行のいずれの実践を通じても、魂は不変の真の性質(信愛)を悟ることができ、次に生まれ変わることはない。どの道も偉大なものだが、中でも最も偉大なのは神への信愛(献身)である。そこに至るにはカルマ・ヨギの行いとジュニャーナ・ヨギの知的探求の精神を注ぎ込む必要がある。

Yo mām pasyati sarvatra sarvam ca mayi pasyati Tasyāham na pranasyāmi sa ca me na pranasyati

「私をあらゆる場所に認め、あらゆるものを私のうちに見出す者は、決して私を見失うことはなく、また私が彼を見失うこともない」(ギータ、6:30)

行いと知識のヨギは時の経過とともに、自我から自由になり、霊的な悟りに到達する。しかし、献身のヨギの自我は神への信愛の始まりと同時に捨て去られる。この信愛は薄らぐことも、枯れることも、飽くこともない、他に類を見ないものである。神もまたそうした献身を切望しており、その願いは帰依者によってかなえられる。クリシュナとラーダーの信愛は、この神秘的な絆を具現化したものである。

アルナチャラ山の偉大な聖人ラマナ・マハリシは、こう説明している。「一旦帰依者が完全に身を委ねたら、神または真我しか残らず、『私、私の』という意識は存在しなくなる。真我のみ存在し、それは霊的ジュニャーナ(知識)である。それゆえ、バクティとジュニャーナの間に違いはない。バクティはジュニャーナ・マーター、知識の母なのである」

ラーダーとクリシュナ——真実の愛の理想

音楽と知識の女神、サラスワティ

ジュニャーナ・ヨガ(知識の道)

神の直感的知識を頂点とする知識の道は、ジュニャーナ・ヨガである。

Prakrteh kriyamānāni gunaih karmāni sarvasah, Ahamkāravimudhātmā kārtāhamiti manyate
「あらゆる行為はプラクリティのグナによってなされる。自我意識に惑わされた者は、『私が行為者だ』と考える」(ギータ、3:27)

認知する力と同様に、誕生、成長、死、自然の物理的な力など、この世のあらゆる作用は物質(プラクリティ)の3つの根本的性質(グナ、質、要素)によって完成される。しかし悟りを開いていない人は、我執によって惑わされ、宇宙的エネルギーによるすべての活動を2つに分類する。自らの意志に無関係に起きる自動的なものと、自分がコントロールしていると考える、自らの意志により起こされるものの2つである。しかし、知性、自我、意、5つの微細な要素、10の感覚・行動器官、諸感覚の5つの対象、これらも3つの質(サットヴァ、ラジャス、タマス)によって形成されている。ギータは、あらゆる活動はこの自然の質によってなされているのであり、個人の指図によるものではないと断言する。

Nānyam gunebhyah kartāram yadā drastānupasyati, Gunebhyas ca param vetti madbhāvam so 'dhigacchati
「賢人は、あらゆる行為は質(グナ)の所産であるとはっきり知っている。グナの上にあるものを知った者は、私との合一に至る」(ギータ、14:19)

先見者(ジュニャーニ)は質の他に行為者はいないと認識する。彼がグナを超える真我を経験した時(ニルグナ・パラマートマン、超越的真我)、彼は純粋な存在に溶け込む。

質以外にあらゆる行為と変化を引き起こすものは存在しない。この質を照らすものである真我はいかなる時点でもグナの作用に影響されない唯一の観照者である。この超越的真我の知識を達成した瞑想にふけるヨギは、それに同化していく。

アルジュナの質問
「神よ、グナを超えた者とは
どのような人なのか。
どのように行動するのか。
どのように3つの質を乗り越えたのか」
(ギータ、14:21)

クリシュナは、ジュニャーナ・ヨギの特徴について、14章22～25節で答えている。

「彼らはサットヴァの調和、ラジャスの活動、タマスの迷妄によって動かされることはない。これらの力が現れても嫌わず、またそれらが凪いだ時も求めることはない。

彼らは執着なく、グナの作用に乱されることはない。作用を及ぼすのは、グナであると知りつつ、彼らはそのうちに留まり、超然としている。

それらの内で確立した彼らにとっては、苦楽、賞賛と非難、親切と不親切は等しい。土塊や石も彼らにとっては黄金に等しい。

名誉と不名誉、友人と敵は同じであり、彼らは利己的な追求を一切しない。

このような人々がグナを超えた者である」

このような求道者はまさに智慧の光明を得た者(プラカーシャ)である。自然の質、諸感覚、心はもはや彼に影響を及ぼすことはない。彼は完全で、私心なく、哀れみ深い。ジーヴァン・ムクタ(人の身体にありながら解脱した者)としてサハジャ・サマーディ(永遠の至福)の中に存在する。

ヴィシュヌ神の７番目の
アヴァターラ、ラーマ神。
インドの叙事詩
ラーマーヤナの主人公

ヴァシシュタ

ヴァシシュタはブラフマリシ（永遠にブラフマンまたは真理の中に存在する聖仙）で、叙事詩ラーマーヤナに登場するヒーロー、日種族のラーマ王子のグルである。10代のラーマ王子が物質的な楽しみや、これから待ち受ける王族としての生活に幻滅をおぼえた時、彼を溺愛する父王・ダシャラタは心配して、グル・ヴァシシュタに助けを求めた。

ヴァシシュタが、ラーマにしては滅多にない落胆ぶりについて彼にその理由を問うと、王子は、世俗的生活に対する幻滅を明かした。聖仙は、ラーマが存在の深い意味について探究する用意が整ったと考えた。そしてラーマの問いに対する彼の答えが、ヨーガ・ヴァシシュタとして知られる経典である。

ヨーガ・ヴァシシュタは、32,000のサンスクリット語の二行連句からなる非二元論哲学（アドヴァイタ）の優れた経典で、実在の性質、存在に関する深淵な形而上学的問題を扱っている。世俗的生活からの脱離、霊的求道者のふるまい、創造、維持、消滅、アートマンの解放の６つのセクションからなる精神的な対話である。

「ヨガの実践なくして、人間という枠にありながら神に近づくことはできない」

ここでは、「ヨガ」という言葉は総称として使われ、内なるヨガの実践、知識のヨガのように説明されている。ヴァシシュタは終始一貫して、単なる物理的な禁欲生活よりも、敵意、怒り、羨望、貪欲、我執の激情を絶つことのほうが絶対的に重要であると強調している。それにより求道者は個我の解放を表すヨガ的な霊的交わり、サマーディの境地に達することができる。彼は、不変、永遠であまねく行き渡った至高意識の性質を唯一の実在と説く。

「したがって心を抑制することで、生命をつかさどる呼吸も抑えられ、長寿と健康を得ることができる。それは、ヨガの瞑想により感情に動かされないこと、呼吸を抑制すること、また世俗的目的の追求のための身体的活動を止めることによって成し遂げられる」

その後のラーマ王子のストーリーには、若い王子がヴァシシュタの言葉によって、人間という不完全さの中に完全を達成するという不可能をいかに成し遂げたかが描かれている。

シヴァ

「吉兆」を意味するシヴァ(ShivaまたはSiva)は、ヒンドゥー教三神の偉大な神(マハーデーヴァ)である。インダス文明に見られるパシュパティ(角のある神)の印章と男根崇拝は初期のシヴァ崇拝、シヴァ派の信仰(シャイヴィズム)を示したものと見られる。シャイヴィズムは、ウパニシャッド、マハーバーラタ(紀元前500〜200年)のような初期の文献でも既に触れられている。

シヴァの様々な姿

シヴァには様々な姿があるが、その一部は矛盾しているようにも見える。荒ぶる相のシヴァは、恐ろしいヴェーダの神・ルドラと同一視され、破壊と世界の破滅を司る。

またリンガという抽象的な姿でも一般的に崇拝されている。リンガは、顕在化したものとそうでないものとのつながりを表す円筒形をしたものである。

彼は、かつては究極のヨギであるとともに、愛情あふれる在家者で、パールヴァティ、ドゥルガー、カーリーの名でも知られる女神ウマーを神妃に持つ。彼はシャクティ(神妃、エネルギーを与える神格)なしには不完全であり、事実「半身が女性の神」アルダナーリーシュヴァラとして描かれることもある。ヨギ(マハーヨギン、偉大な苦行者)としてのシヴァは、ドレッドヘアでヘビを首に巻きつけ、灰を体に塗りたくり、三叉戟を持った姿でヒマラヤ山中に座り、深い瞑想に入っている。

宇宙のダンスの神、ナタラージャとしては、異なるものをそれぞれ象徴する4本の腕を持ち、片足でバランスをとるターンダヴァ(激しい舞踊)を踊る姿で表されている。

シヴァの乗り物は、聖牛ナンディである。シヴァはあらゆる獣の王パシュパティ(獣王)ともしばしば呼ばれる。

ダクシナムルティ(南を向く姿)はシヴァの指導者、グルとしての姿で、鹿皮の王座に座り高名な聖仙たちにシャーストラとヨガに関する知識を与えている。

シヴァは寛大であり、すぐ満足する(アシュトーシュ)。あらゆる生物を平等に受け容れるため、最も下等な生物も彼に特別な救いを見出す。

ハタ・ヨガの師

シヴァはハタ・ヨガの最初の師だと考えられている。個人の魂(アートマン)とパラマートマン(至高意識)の関係に関する限り、クリシュナは精神面におけるヨガを詳しく説明したが、ハタ・ヨガはポーズと調気法の技術(アーサナとプラーナーヤーマ)をより強調している。

ハタ・ヨガ誕生の裏には、インドの伝統に沿ったこんな神話が伝えられている。

パールヴァティはかつて人類の苦悩を懸念し、人の救済への道を簡単にできないものかシヴァに尋ねた。情け深いシヴァはヨガのトランス状態に入り、ハタ・ヨガの秘技をまくしたてた。終わって目を開けたところ、なんとパールヴァティはその間、居眠りをしていたのだった！彼自身は、神的な霊感の流れの中で話していたため、自分では何を言ったのか思い出せなかった。世界のハタ・ヨガ実践者にとっては幸運なことに、シヴァの教えを熱心に聞いていた小さな魚が近くの池にいた。魚が、シヴァに言った。「偉大なお方よ、心配ありません。あなたが語ったことは皆憶えています」。シヴァは喜んで、直ちにその魂を解放し、魚は後にマツィエンドラナート(マツィヤは魚の意)として生まれ変わり、ヨガの技を教えた。

10、11世紀に実在したマツィエンドラナートと彼以上に有名な弟子、ゴラクナートは、ハタ・ヨガの先駆となるシッダとタントリック(儀式化された修行)を発展させた。よってタントリズムはシャイヴィズムとも関連が深い。

正確な年代を特定するのは難しいが、今日のハタ・ヨガの起源は、ハタ・ヨガ・プラディーピカー、ゲーランダ・サムヒター、シヴァ・サムヒターのような古典文献やナート・ヨギのようなシッダ(達人)に辿ることができる。

ヨガは伝統的に常にグルから弟子へと伝授されるものであった。その意味で、シヴァはハタ・ヨガの最初のグルである。さらに、この師から弟子へという伝承の形により、ヨガは時代遅れとなることなく、時代の必要に合わせて有機的に発展していくことができたのである。

踊るヨギ

究極のヨギであるシヴァが舞踊の始祖だというのは相入れないように思える。なぜこの2つが並置されているのかを知るためには、舞踊の目的を理解しなければならない。ヨガと同様に舞踊は至福にあふれた神との霊的交わりにまで心を高めるものである。回転するダルウィーシュのように、ヨギも心がヨガのトランスの中で静止しつつも神的な興奮に満ちている。そのため、至高のヨギであるシヴァは舞踊家の王(ナタラージャ)でもなければならない。踊り手と舞踊が1つの存在であるのと同様に、創造者とその創造物も不可分の関係にある。

舞台芸術は、神々のための娯楽として始まったといわれ、インドラ(天界の王)の宮廷で演じられたとされる。シヴァは一連の踊りに大変感動し、バラタ・ムニ(聖仙)にそれを教えるように弟子のタンドゥに頼んだという。バラタは、舞踊と舞台芸術の書として名高いナーティヤ・シャーストラを編纂した。同書は今日、インド古典舞踊の基礎となっている。

死と豊穣を司るヒンドゥー教の神、シヴァ神

シヴァの舞踊は無限であり、それぞれの踊りが別々の意味を持っている。クリシュナの踊りは甘美な魅力を持つが、シヴァのターンダヴァは畏怖の念を抱かせ、電撃的で、時には人を恐れさせる。

神話の中で最も強力な力とされるターンダヴァは、荘厳な創造から無情な破壊まで神の異なる面を明らかにし、「原子の舞踊」を内包する。

シヴァのターンダヴァ

シヴァの舞踊の最も有名な3つの形は、恩恵を与える心（ヴァラプラサーダム、祝福）、ヨギの相、破壊的な要素（ルドラ）を表したものである。

喜びに満ちた舞踊では、シヴァはカイラス山で神妃パールヴァティとアーナンダ・ターンダヴァ（喜びの踊り）を踊る。サラスワティ（知の女神）がヴィーナを、インドラがフルートを、ブラフマー（創造神）がシンバルを演奏し、世界の生きとし生けるものが集まって、この天上の舞踊を鑑賞する。この踊りは生と死のサイクルを象徴し、シヴァとシャクティの二面性を祝福する。これは男と女、物質とエネルギー、陰と陽、至福の調和と美の中で混ざり合う2つのものを象徴する。シヴァとパールヴァティの優雅な舞踊は自然の静の側面を表し、自らの中に正反対のものの均衡と調和を達成した者に霊的な至福を与える。正反対のものを自らの内に和解させることは存在の目的であり、魂の究極的進化である。

シヴァの舞踊の別の形はヨギである。執着はないが活動的であり、宇宙の中心だとされる踊りを人の心の中で踊る。無知の悪魔を足で踏み潰すのは、このシヴァの輝かしい姿である。

破壊者の舞踊は、バイラヴァ（シヴァの憤怒の相）の畏怖の念を起こさせる暴力的なルドラ・ターンダヴァであり、世界を震え上がらせる猛烈な激情と強烈さで踊られる。数多くの腕は偉大な力とその広がりを意味し、彼に保護を求めるあらゆる魂に救済を与え、世俗的快楽への執着と幻想の鎖を断ち切るとき、第3の目が開き燃え盛る。カーラ（時間）の偉大なる創造者、破壊者、マハーカーラとして、宇宙のサイクルを解消し、再生する。

シヴァ神とその宇宙的な神妃、
パールヴァティ

ナタラージャ── 宇宙の躍り手としてのシヴァ神を表現したもの

ナタラージャとしてのシヴァのシンボリズム

10世紀のチョーラ朝のナタラージャの彫像は、1つの姿に宗教、芸術、科学を融合させ、シヴァの舞踊の内面的意義を完全に捉えている。この宇宙の踊りは、ヒンドゥー教徒の一部が宇宙の中心だと信じる南インドのチダンバラムで踊られたと言われ、シヴァをリンガのような典型的な抽象的シンボルでなく、むしろ擬人化した姿で描いているのが特徴的である。

彼は、炎のアーチで表現される宇宙のあらゆる物質の活動の源である。生物、無生物、すべてが彼の内で脈動している。「行為者」は神であって、個人の自我ではなく、人間による支配という概念を打ち砕く。

幻影の世界マーヤーを躍りで追いやり、力と悟りの世界に変容させるナタラージャは天啓と創造の具現である。

アーガマ（シヴァ派の聖典）はこう宣言する。「世界の誕生、維持、破壊と魂の蒙昧、解放はシヴァの舞踊の5つの作用である」。

4本の腕を持つナタラージャの仕草はこの5つの作用を表す。創造は、右上の手の太鼓、保護または維持は右下の手のアバヤのムドラー、破壊は左上の手の炎、救済は掲げられた左足で表される。

右足は暗闇と混沌にある魂の擬人化であるアパスマラを踏みつける一方で、左足は完成した魂を束縛から解き放つ恩寵を示している。下の左手はガジャハスタのポーズで、シヴァの恩寵が全ての人を保護するものだということを約束するために聖なる足を指し示している。

光輪（プラバマンダラ）は顕在化した幻影の世界を象徴する。輪の外側は火で、内側は海の水である。多くのナタラージャ像は重層的な火と水の表現を持つ。輪には激しい形相をしたマハーカーラ（偉大な時間）の顔が載せられていることもある。

ナタラージャは、絶え間なく宇宙を再生する間、砂時計の形をした太鼓、ダムルーのリズミカルな音に合わせて踊る。しかし、この踊りは単なる象徴ではない。今この時にも、全ての生物の原子より小さなレベルで、再生が起きているのである。

シヴァは、変わった装飾品を身につけている。体に巻きつくコブラはクンダリーニ・シャクティである。全ての人の内にある魂を目覚めさせる力であり、ヒンドゥー教の生まれ変わりの思想をも表す（蛇の脱皮から連想されている）。ドレッドヘアの頭は、三日月と聖なる川ガンガーを戴く。満ち欠けする月は、季節の移り変わりと生命の活性化を意味する。ガンガーは元来は天上の川だったが、聖仙バギラタの祈りを聞き入れ地上に降りた。その激流の力から地上を守るため、シヴァはガンガーの流れをドレッドヘアの頭で受け止めた。

ナタラージャの全体は全ての創造の背後にある神の音の原理、聖なる音節、オームの形と似ている。彼は時空の幻影の循環を超え、あらゆる物質と活動を包摂した根本的創造者であり、純粋な存在の静寂を象徴する。

"Yogena cittasya padena vācām
Malam sarirasya ca vaidyakena
Yopākarottam pravaram munināṃ
Patanjalim prānjalirānato'smi

Ābāhu purusākāram
Sanka cakrāsi dhārinam
Sahasra sirasam svetam
Pranamāmi patanjalim"

Invocation to Patanjali

パタンジャリへの祈り
「最も崇高な聖仙、パタンジャリに敬意を捧げよう
心の平静のためにヨガを　純粋な言葉のための文法を
完全な身体のための医術を与えてくれたその人にこうべを垂れる

パタンジャリの前にひれふす
上半身は人の姿　腕には法螺貝と円盤　千の頭を持つコブラを頭に戴く
アディシェーシャの化身よ、汝に礼を」

2 パタンジャリ

神的洞察力

ヨガのクラスや踊りの舞台が、ヨガの始祖と言われるマハームニ（偉大な聖仙）・パタンジャリに加護を祈ることなく始まることはない。

およそ2000年前、壮麗なアシュタンガ・ヨガ（ヨガの八支則）の中心的哲学を示したヨーガ・スートラ、またはヨーガ・ダルシャナを著した。今日に至るまでこの書はヨガを習う人々のための優れた遺産であり続けている。

研究者は彼の著作から、彼が紀元前4世紀から紀元後6世紀頃の人であったと推定する。優れた学者であったパタンジャリは、サンスクリット語文法についてのパーニニの著作への注釈書（マハーバーシャー）やアーユルヴェーダの治療体系に関する多くの書を執筆した可能性がある。さらに彼は、インド古典舞踊の父とも考えられている。パタンジャリの手によると言われる文献のテーマは多岐にわたっており、これらの様々な文献が同一人物によって書かれたのか、白熱した議論となっている。

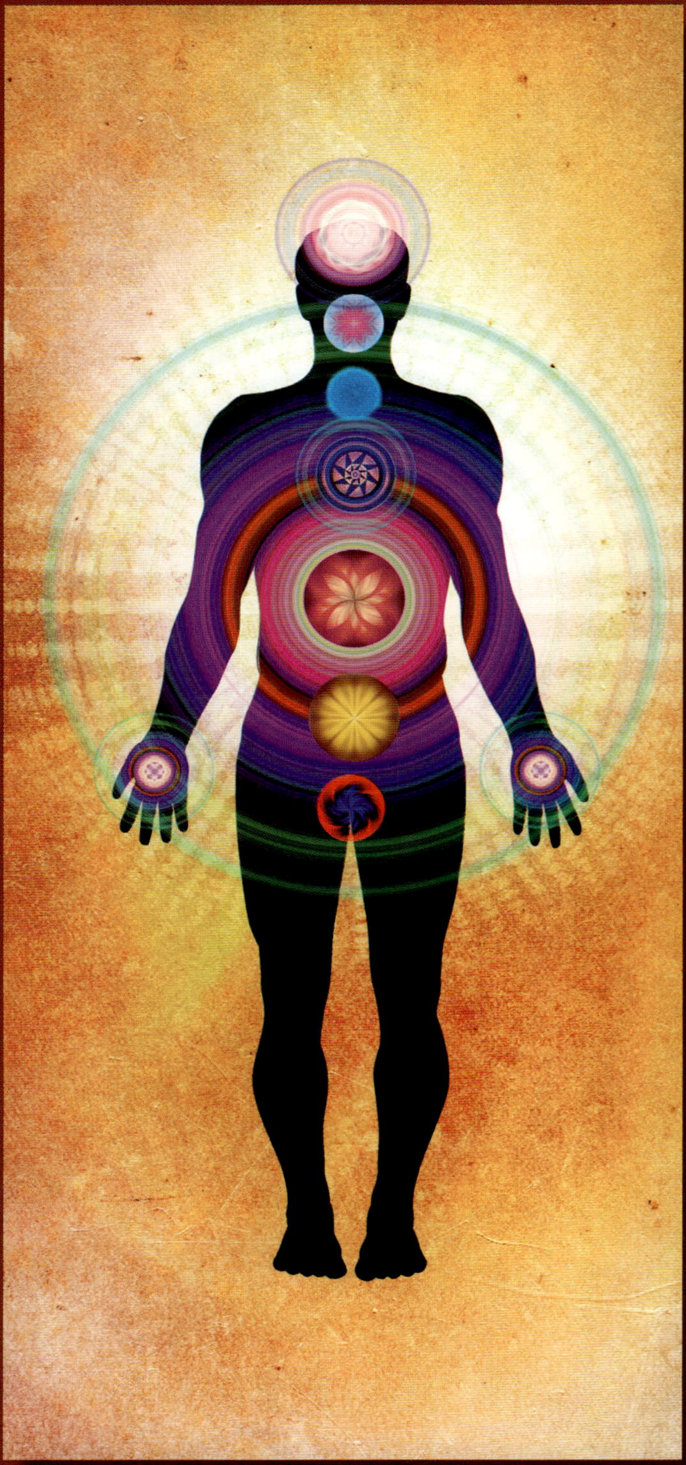

図像学

パタンジャリは原初の蛇（ナーガ）であるアディシェーシャの化身だと信じられており、半身が人、半身が蛇という姿で描かれている。通常は、臍から下が、とぐろを巻く蛇、上半身が人間の姿で表される。神の化身として4つ腕を持ち、前の2本は手を合わせる伝統的な祈りのポーズ、アンジャリ・ムドラーを行い、ヴィシュヌの持ち物である法螺貝(シャンク)と円盤(チャクラ)を、後方の左手と右手にそれぞれ持っている。目はヨガの瞑想で半眼となっている。

聖仙パタンジャリの神話的起源

伝説によると、1000の頭を持つ忠実な蛇、アディシェーシャに寄りかかりながら座っていたヴィシュヌ神は偶然にシヴァ神のタンダヴァの踊りを目撃した。ヴィシュヌは夢中になり体を揺らし始めた。どんどん増すその揺れと重みが、偉大な蛇を猛烈に苦しめ始めた。躍りが終わって、ヴィシュヌがいつもの軽さに戻り、アディシェーシャも楽になると、思いきって主人にこの異例の出来事の理由について尋ねてみた。ヴィシュヌ神は、シヴァ神の華麗な踊りのリズムに合わせて体が無意識に揺れたと説明した。主人をこの上なく慕うアディシェーシャは、自分もヴィシュヌ神の前で舞えるようにこの芸術を習いたいと即座に思った。その献身に胸を打たれたヴィシュヌ神は、舞踊の技巧を習得するために地上に生まれ出るという恩恵を与えた。

その頃、敬虔で達成されたヨギーニ(女性のヨギ)、ゴニカが後世のためにヨガの知識を伝えることができるように、子供を授けてくれるよう太陽の神、スーリヤに祈っていた。慣習に則り、手の平を合わせてすくい上げた水を捧げてスーリヤへの祈りを終えた。

これを見ていたアディシェーシャは、彼女こそが自分の地上の母だと思い、小さな蛇となって彼女の合わせた手の平の内に降り立った。ゴニカが目を開けた時、手の内の小さな蛇が人の姿になり、彼女の息子にしてくれるよう懇願した。ゴニカは喜んでそれを受け入れた。

彼が祈りの手の平（-anjali）の中に落ちた（pat-）ことから、彼はパタンジャリと呼ばれるようになった。高い分析力と鋭い知性でいち早く才能を発揮し、過去の出来事を思い出し、未来を予知することができた。さらに話は続き、彼はロルパという名の美しい乙女をスメール山の木の幹の中に見つけた。二人は恋に落ちて結婚し、老いるまで一緒に暮らしたとされる。

また別の伝説では、アディシェーシャは、シヴァ神の踊りを見たいという強い願望によりパタンジャリの姿になったという。何年かをシヴァ神に祈って過ごした後、南インドのチダンバラムで彼の天上の舞踊を目撃することができた。シヴァが難しいウルドヴァ・ターンダヴァを踊り、カーリー女神を舞踊の競い合いで打ち負かした時である。

アンジャリ・ムドラーを行うヨガの聖仙パタンジャリ

古代においては書物の原作者を誰とするかはそれほど厳密ではなく、そのため「マハーバーシャー」、アーユルヴェーダの文献、「ヨーガ・スートラ」を同一のパタンジャリが書いたのか研究者の間でも見解が分かれる。これは著作に正当性を与えるために、原作者を名高い著述家とするというやり方が広く行われていたことによるものかもしれない。こうした議論はともかくとして、パタンジャリの作とされるそれぞれの著作が名著であるという事実に変わりはなく、これらの文献は今日でも、多くの人に参照され、実証され、活用されている。

パタンジャリ自身の経歴はあまりよく分かっていないが、ヨーガ・スートラは簡潔、明瞭、正確で、内容が凝縮されている。あらゆる真剣なヨガ実践者によって勉強されているこの書は、健康や内面の落ち着き、霊的な実現を達成できるように、ヨガの技術を理解、吸収するための体系的な枠組みを示している。パタンジャリの傑作を読む現代の生徒にとっては結果として、彼がいつの時代を生き、この本を書いたのかは、あまり問題ではない。

ヨーガ・スートラ
（ヨーガ・ダルシャナ［ヨガのビジョン］）

ヨーガ・スートラは4つの章（パーダ）で構成され、各章は哲学全体を理解するための基本的要旨について述べている。

サマーディ・パーダのタイトルがつけられた第1章は51のスートラ（格言、文字通りの意味は「糸」）からなり、ラージャ・ヨガのあらましとその目的——瞑想による無限なる者との合一（ヨガ、三昧の状態）——を説明している。

第2章はサーダナ・パーダで55のスートラがあり、ヨガを達成するための肉体的な練習やその段階を概説する。

第3章のヴィブーティ・パーダでは55のスートラでシッディ（完成した［サーダク］実践者の力）に現れるヨガの修練における内面的な側面について説明する。

第4章はカイヴァリヤ・パーダで34のスートラからなり、魂の解脱と二元性のない真我の経験について著わしている。

パタンジャリは、まずはじめにヨガを定義することからスートラを始めている。

Yogashchitta vritti nirodhah
「ヨガとは心の作用を止滅することである」
(ヨーガ・スートラ、1:2)

全体(「ヨガ」とは心と体、自我と自我を超えたものの合一を意味する)になるために、心を目標にだけ向けて、それを維持する能力を獲得しなければならない。B.K.S.アイアンガーはヨガを、心(チッタ)の転変(ヴリッティ)を自制すること(ニローダ)、または、意識(チッタ)の揺らぎ(ヴリッティ)の抑圧(ニローダ)と解釈している。このスートラを「ヨガとは、心の転変を停止すること」と訳す人もいる。

チッタは3つのものを包摂する。マナス「意」、ブッディ「知性」、アハンカーラ「自

パタンジャリは、心が安定に達するために、5つの克服すべき負の特性を挙げている。

Avidya-asmita raga
Dvesha-abhiniveshah pancha kleshah
「それらは、無知、我想、執着、憎悪、生命欲である」
（ヨーガ・スートラ、2:3）

この世の苦しみを理解するためには、その源を探さなければならない。パタンジャリは世俗的苦痛の原因を突き止めた。無知、自己中心的な我想、幸福へと導くものに対する情熱または執着、悲しみを招く嫌悪感によって映し出されたもの、そして生への執着である。全ての根本的原因は無知で、他の4つはここから生じる。ディヤーナ（瞑想）を通じ、この無知の根源についての深い理解と意識によってのみ、この障害は減少もしくは克服することができる。

彼は快楽と苦痛を生み出して心を変動させる、5つの要因を挙げている。

Pramana viparyaya vikalpa nidra smirtayah
「それらは正しい知識、誤謬、分別知(観念的な判断)、睡眠、記憶である」
(ヨーガ・スートラ、1:6)

続く5つの(章)スートラで、これらについてさらに解説している。

プラマーナ(正しい認識または正しい知識)は、直接の観察、推論に基づくもの、もしくは信頼できる筋や権威によるものである。

ヴィパリヤヤ(誤った理解または誤謬)は、それが誤っている、または幻影だと分かるまで、間違ってそれを本物だと考えることである。

ヴィカルパ(分別知〈観念的な判断〉)は、誰かに伝えられた言葉に基づいているとされるが、実際には実体がないものである。

ニドラー(深い眠り)は、現実に気づいていないのに、存在しないことに基づいて心が動く様である。

スムリティ(記憶)は、過去の経験や印象を蓄積するが、それを手放すことができないことである。

パタンジャリは、心を抑えるのに必要な2つの核となる要素について見事に強調している。

Abhyasa vairagyabhyam tan nirodhah
「心の様々な作用を止滅するには、持続的な修練と離欲が必要である」（ヨーガ・スートラ、1:12）

彼は、心の絶え間ない変化（チッタ・ヴリッティ）は、対象に対する冷静さ、離欲（ヴァイラーギヤ）とともに、安定し一貫した修練（アビヤーサ）を通じてのみしずまると提唱する。

修行者は、チッタ・ヴィクシェパス、つまり心の重しとなる気を散らせるものにも気付かなくてはならない。これはヨガの練習の道に邪魔になるものであり、進歩するためにはこれらの障害を特定し、理解し、対処していかなければならない。

スートラの第1章30節は最も一般的な障害を挙げている。

ヴィヤーディ — 病、身体的な病気
スティヤーナ — 精神的停滞、無気力
サムシャヤ — 疑い、優柔不断
プラマーダ — 無関心、不注意、無頓着
アーラシヤ — 怠惰
アヴィラティ — 肉体的快楽、肉欲に耽ること
バラーンティ・ダルシャナ — 幻影の、誤った知識
アラブダ・ブーミカトヴァ — 思考の継続性、一貫性、集中のなさ
アナヴァスティタトヴァ — 不安定、達成を維持できないこと

パタンジャリはこれらの障害を克服するために、4つの普遍的感情、マイトリー（慈）、カルナー（悲）、ムディター（喜）、ウペクシャー（捨）からなる、四重の対処法を提示している。これらの思想は、あらゆるものを快不快、善し悪しに関わらず常にバランスで見る1つの原理を吹き込む。

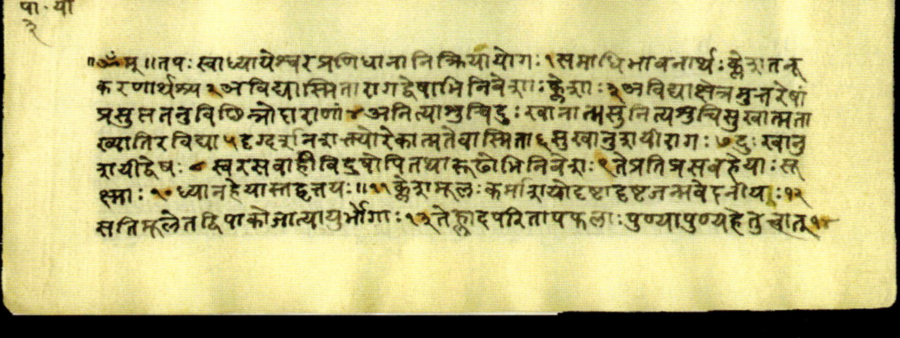

ヨガの8つの手足

彼は、精神的修行の章であるサーダナ・パーダ（ヨーガ・スートラの第2章）において、大変実用的なアプローチで8つの手足つまり解脱へと導く8つの段階について説明している。ヨガの究極的目的は求道者を完全に純粋な者に変え、自己実現に至らせる心、体、魂の合一である。

パタンジャリは、一連の体系的な段階、手順の概要を説明している。実践者は、ヨガの境地を達成するという目的に向けてこの段階を進んで行く。そのプロセス自体は科学的、組織的に構成されているが、彼は特定の段階の重要性を強調してはおらず、またどのぐらいの期間をかけるのかについても特に語っていない。しかし、心の奥の実在の経験に向かって進んで行けるよう、梯子の段のように1から8まで順番に上っていかなければならない。

Yama niyama-āsana prānayamā pratyahārā
Dharana dhyāna samādhayoshtava-angani

「それらは、外的な戒の遵守、内的な戒の遵守、座法、調気、五感の制御、集中、瞑想、三昧である」（ヨーガ・スートラ、2:29）

アシュタンガ

ヨーガ・スートラの第2章29節から32節で、パタンジャリはヨガの段階について定義している。これらが八支則（アシュタンガ）である。

1. **ヤマ** — 外界における我々の行動を律する道徳的規範
2. **ニヤマ** — 体と心を支配する内的な心得
3. **アーサナ** — 体の姿勢
4. **プラーナーヤーマ** — 呼吸をコントロールすることにより霊妙なエネルギー（プラーナ）をコントロールすること
5. **プラティヤハーラ** — 感覚を外界から引き上げること
6. **ダーラナ** — 瞑想で心を固定、集中すること
7. **ディヤーナ** — 瞑想
8. **サマーディ** — 深く没入した状態、もしくは高次の我との合一。

ヤマとニヤマは、さらにそれぞれ5つの行動原理に細分化されている。

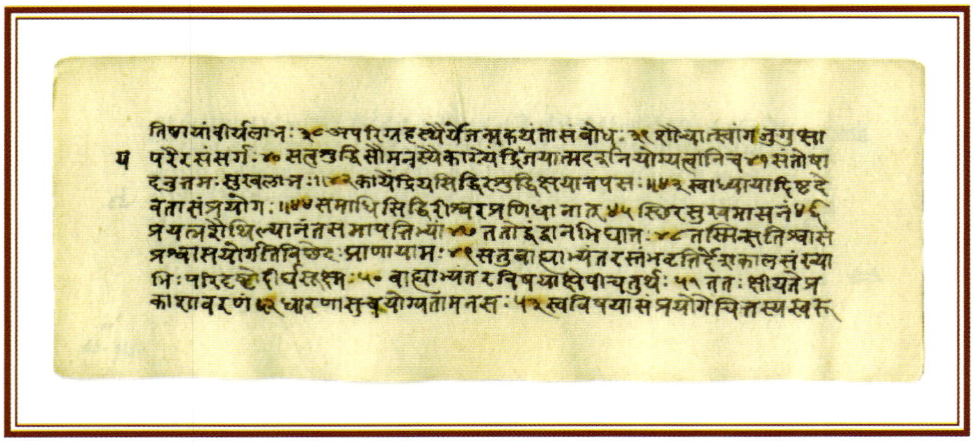

ヤマ(禁戒)

Ahimsa satya-asteya brahmacharya-aparigraha yamah
Jatī desha kala samaya-anavachinnah sarva bhauma mahavratam

「ヤマには、非暴力、正直、不盗、禁欲、不貪がある。
この大誓戒は、階層、人種、国、時間を超えたもので、例外はなく、普遍的である」
(ヨーガ・スートラ、2:30-31)

ヤマは外界や他者との関係における人の行動についての5つの指針である。5つ一緒にマハーヴァラタ(大誓戒)と呼ばれる。これらは永続的で、年齢、人種、宗教、社会的道徳観、物理的な境界を超えたものであり、個人、社会のどちらにも当てはまる。この規範を守れば平和、幸福、安寧がもたらされ、守らなければ対立、暴力、混乱を社会に招く原因となる。

さらに、洞察力のあるヨガの修行者は、この指針の単に上辺だけを解釈するのではなく、より深く、鋭い視点で吸収することが奨励される。

アヒンサ(非暴力)

5つの原則の中で最も重要で、他の原則の意味を本質的に含むのがアヒンサ(非暴力)である。(自分自身を含め)生きとし生けるものへの思いやりを伝えるために広い意味で使われ、殺害や菜食主義のような狭い意味を単に示すのではない。真のアヒンサは、思考の上でも非暴力であることを意味する。疑念、恐れ、貪欲、無知、弱さは全て思考の中から始まる。本物のヨギは、否定的行動を植えつける種自体を、非暴力思想の種に取り替えることでそれらを打ち負かさなければならない。そのような人がいれば、あらゆる暴力は止むのである。

サティヤ(正直)

人はその考え、言葉、行動で誠実でなければならない。B.K.S.アイアンガーが詳しく述べている。「心が真実だけを考え、真実の言葉のみをしゃべり、真実に基づいてのみ行動すれば、ヨギは無限との合一に適したものとなる。真実は話すことだけではないのである」

このヤマを適切に実施するには、実践者は自己欺瞞のマスクをも取り払わなければならない。いつも誠実な人は、行動も常に成功する。

アステヤ(不盗)

不盗あるいは強欲にならないこととは、ヨギは他人の所有するものを欲してはならないということである。B.K.S.アイアンガーはさらに解釈を拡大させ、許可なく人のものを持ち出さないこと、当初の目的以外に物を使わないこと、所有者が許可した時間を超えて使用しないことをも意味に含めた。したがって窃盗、着服だけではなく、不正使用や濫用、信頼を裏切ることなどもここに含まれる。より繊細な意味では、清廉さをさらに高いレベルへと広げている。足ることと清廉さは、富の中の珍しい宝石にも等しい。したがってパタンジャリは、人から物を盗まない人は、富にいつでも恵まれると述べている。

ブラフマチャーリヤ(禁欲)

これは禁欲や否定だけに限定されるものではなく、生命のエネルギーと活力を統制するための全ての行動における慎みをも意味する。ヨギが霊的エネルギーを不注意に、気まぐれでばら撒いていては、究極のゴールにたどり着くことはできない。これはまた、経典の勉強と一貫したブラフマンの追求にも当てはまるとしている。

アパリグラハ(不貪)

これは、所有欲のない様、貪欲でない様、物欲のない様を言う。さらに、快く受け入れて、それ以上欲しがることなく得たもので満足する能力も意味する。欲を手放すことで、また所有物で人を誤って判断する癖をやめることで、ヨギは人生を簡素にし、明晰さと霊的な直感力を得ることができる。

ニヤマ（勧戒）

Sauca santosha tapah svadhyayeshvara pranidhanani niyamah
「ニヤマの行動は、清浄、知足、霊的熱意、自問、至高の存在への帰依である」
（ヨーガ・スートラ、2:32）

ニヤマ（ヤマの下にある）も、自浄のための5つの行いを持つ。

シャウチャ（清浄）

体、心、エネルギーの流れを浄化することだが、沐浴で外側を綺麗にすることだけではない。
ヨギが持つ異なる層（鞘）が浄化されなくてはならない。アーサナによりアンナマヤ・コーシャ（粗大身、食物鞘）を、プラーナーヤーマでプラーナマヤ・コーシャ（霊妙なエネルギーの層、生気鞘）を、マノマヤ・コーシャ（心、意思鞘）を憎しみ、怒り、思い上がり、妄想のような不浄のものから浄化する。体から毒を取り除くことで、エネルギーは自由に流れ、心を純粋で快く保ち、直感的知恵（ヴィジュニャーナマヤ・コーシャ、理智鞘）を開くことができれば、ヨギは自分の存在の最も内にある核、純粋な至福（アーナンダマヤ・コーシャ、歓喜鞘）に至ることができる。

サントーシャ（知足）

満ち足りることから来る穏やかな幸せをサントーシャという。それには、何でも受け取ったもので満足し、喜んで受け入れる力を養うことを要する。心が欲望でかき乱され、気が逸れると、瞑想と解脱への情熱に集中を維持することができない。

タパス（霊的熱意）

「燃やす」という語源を持つタパスは、より高い目標、目的を追求する火のような熱意、意欲のことである。霊的探求の成功に対する熱烈な願望は、必然的にあらゆる不浄を燃やし尽くし、体と感覚を完璧にする。

スヴァーディヤーヤ（自問）

ヨガの生徒は自己について学ぶことに時間をあてなければならない。これは高次の我について学ぶという意味と、自身の進展状況の見直し、評価という意味の両方を含む。このようなひたむきな探求が最終的に高次の我についての知識をもたらし、合一へと至らしめる。

イーシュヴァラ・プラニダーナ（至高の存在への帰依）

サマーディ（神に対する精神的没入）へのステップは、至高の存在への献身なくして完成しない。B.K.S.アイアンガーは「自らの行動、意思を神に捧げることがイーシュヴァラ・プラニダーナである」と述べている。あらゆる存在の基礎をなす統一的原理に従うことが、悟りもしくはサマーディへの最終的飛躍を可能にする。

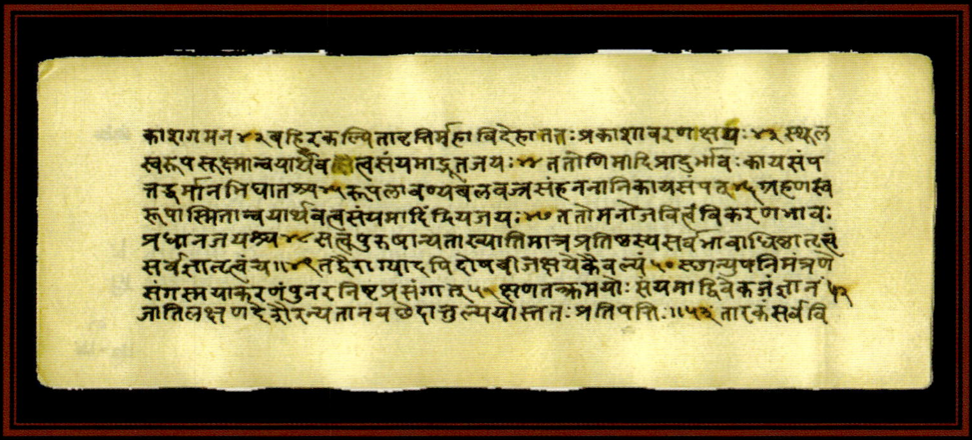

アーサナ(座法)

Sthira sukham asanam
Prayatna shaithilya-ananta samapattibhyam
「姿勢は、安定し、快適でなければならない。
自然にリラックスした状態で、無限者と調和しなければならない」
(ヨーガ・スートラ、2:46-47)

サンスクリット語の「座る」「いる」から派生した「アーサナ」は、座席、土台だけでなく姿勢をも意味する。興味深いことに、パタンジャリはハタ・ヨガ(ポーズの肉体的修練)と関連付けられるが、ヨーガ・スートラの中でアーサナについて言及したのはこの部分だけである。彼のただ1つの指示は、リラックスし自然でかつ、垂れ下がったり、うなだれたりせず安定していなければならないということである。ポーズは快適で、しっかりしてぐらつかず、さらに緊張せず柔軟でなければならない。このような活気あるしかし静止したポーズによりエネルギーの経路(ナディ)を開き、流れさせ、心を瞑想に集中させることができる。

しかしアーサナは単なる肉体的訓練ではない。ポーズは、ヨギが内面の浄化を求める上でより深く進んでいけるように、徐々に体を浄化し強化するように連続のものとしてデザインされている。ハタ・ヨガの師たちは、何百年もかけて、筋肉、神経、分泌線を強く,

柔軟で、病気知らずに保てるように何百のポーズを科学的に実証し、発展させ、完璧にしてきた。B.K.S.アイアンガーはこう述べている。「多くの俳優、曲芸師、アスリート、ダンサー、ミュージシャン、スポーツ選手は素晴らしい体格をし、体をコントロールすることに長けているが、心、知性、我のコントロールが欠如している。したがって彼らは、これらを調和させることができず、…しばしば体を最も重視する。ヨギは体を過小評価しないものの、体を完璧にすることだけを考えず、五感、心、知性、魂についても考える。

マイソール・スタイルのアシュタンガ・ヨガは、姿勢を3つのグループに分ける。最初のシリーズ、ベーシックでは、ヨガ・チキトサー(ヨガ・セラピー)は体をきれいにし、浄化する。インターミディエイト・シリーズのナディ・ショダナ(エネルギーの経路の浄化)では、神経系を浄化する。スティラ・バガ(神的安定)と呼ばれるアドバンス・シリーズでは、可能性に挑戦し、力を洗練された動きに統合する。

ヤマ、ニヤマ、アーサナの3つは、バヒランガ・ヨガつまり外側の(外側から見える)訓練である。次の2つの段階、プラーナーヤーマとプラティヤハーラで、ヨギは生命のエネルギーを呼吸でコントロールすることにより、心の動きを統御することを学ぶ。

プラーナーヤーマ（調気）

Tasmin sati shvasa prashvasayor gati vichedah pranayamah
「確立されたそれ（アーサナー）が呼気と吸気をコントロールすることで生命力を抑制する」（ヨーガ・スートラ、2:49）

プラーナとは「生命力」もしくは「生命エネルギー」を意味し、ヤーマはコントロールもしくは抑制を意味する。呼吸が心と霊妙なプラーナのエネルギーの間を物理的につなぐ役割を持つ。呼吸はまたプラーナのエネルギーを乗せるものでもある。プラーナは、ナディと呼ばれる体内に存在する何千もの精妙な経路に沿って流れる。プラーナーヤマは、プラーナのエネルギーをより効率的に体内に流すことにより、ナディを浄化する。呼吸を遅くすれば、それに合わせて心が静止し、生命エネルギーが心の動きのために外へ向かって散っていく代わりに、内側に流れる。生命エネルギーは、ヨギが次の段階であるプラティヤハーラとディヤーナに進めるよう、内側に流れなければならない。したがって、修行者は先へ進むために呼吸をコントロールする力をマスターしなければならない。

B.K.S.アイアンガーによれば、「プラーナは、息、呼吸、生命、生命力、風、エネルギー、力を意味する。さらに体と対置される魂も暗示する。この語は一般的に生命の呼吸を示す時は、複数形で使用される。アーヤーマとは、長さ、拡大、伸張、抑制のことである。プラーナーヤーマはしたがって、呼吸の拡張とそのコントロールという意味を含む」

プラティヤハーラ（制感）

Svavishaya-asamprayoge chittasya svarupa-anukara ivendriyanam pratyahara
「真我に安住できるように、感覚器官を通じて得た誤った
アイデンティティと考えから心を解放する」
（ヨーガ・スートラ、2:54）

心を瞑想に集中させる準備であるプラティヤハーラ、すなわち感覚の引き上げの段階は、外的な準備（バヒランガ・ヨガ）と内的な訓練（アンタランガ・ヨガ）の間を橋渡しするものである。

プラティヤハーラは「戻す」、「引っ込める」、「再び吸収する」を意味する。この場合は、心が感覚器官によって外部の対象に向かうことを押しとどめることである。本質的には感覚のコントロールという意味を含む。シャヴァアーサナ（屍のポーズ）がこの状態への導入にしばしば用いられるが、プラティヤハーラは用心深く注意した感覚の引き上げであり、眠りへの導入ではなく、瞑想への導入として行われなければならない。

アルジュナの苦行　インド・マーマッラプーラム

ダラーナ（集中）

アンタランガ・ヨガ（内的な訓練）は外的な訓練よりも高位にあり、より難しい。

Desha bandhash chittasya dharana
"Dharana is focusing or binding the consciousness on a specific object."
「ダラーナとは、特定の対象に意識を集中することもしくは縛りつけることである」
（ヨーガ・スートラ、3:1）

ヨギが感覚を引き上げることができた時、意識を一点に縛りつける、または固定する。

心はもはや外部の出来事、感覚への刺激に乱されることはない。ヨギの心理的機能であるマナス（意）、ブッディ（知性）、アハンカーラ（自我意識）が抑制されたエカグラ（一点）の状態に達する。この状態で彼は、集中するための全ての力を彼が求める1つの真実に捧げることができる——エカタットヴァ・アビヤース（魂の真実について繰り返し探求すること）。ヨギは心をまとめて集中を深めるために、光や絵、音、音の振動（マントラ）のような外部の焦点を利用することもできる。これは心が集中する一点を与えるためである。

ディヤーナ(瞑想)

Tatra pratyayaika dhyanam
「途切れることのないその集中の
継続がディヤーナ(瞑想)である」
(ヨーガ・スートラ、3:2)

プラティヤハーラとダラーナが頂点に達すると、修行者は集中が途切れず続く状態に入る。これが自我が消滅し、高次の意識に目覚めるプロセスへの始まりとなる。B.K.S.アイアンガーは、こう書いている。「体、呼吸、感覚、心、理性、自我は全て、瞑想の対象、宇宙的精神に統合される。何の制限もない意識の状態にあり続け、自身を至高の存在の中に見つける高揚を感じ始める」

サマーディ(三昧)

Tad eva artha matra nirbhasam
svarupa shunyam iva samadhih
「この瞑想が、無限の中に真我が
輝いて現れる意識のみになった時が
サマーディ(三昧、無限の一体性に
没入する境地)である」
(ヨーガ・スートラ、3:3)

これがヨギの究極の状態で、ラージャ・ヨガの修練の頂点である。深い瞑想による静寂の極地で、ヨギはサマーディに入る。彼の体と感覚はまるで深い眠りにあるかのように休止しつつも、意識ははっきり覚醒している。彼はあらゆる制限を超え、分け隔てのない純粋な存在を経験する。自己意識は永遠に消え、超越的意識に溶け込む。この経験は、言葉では言い表せないほどのものである。

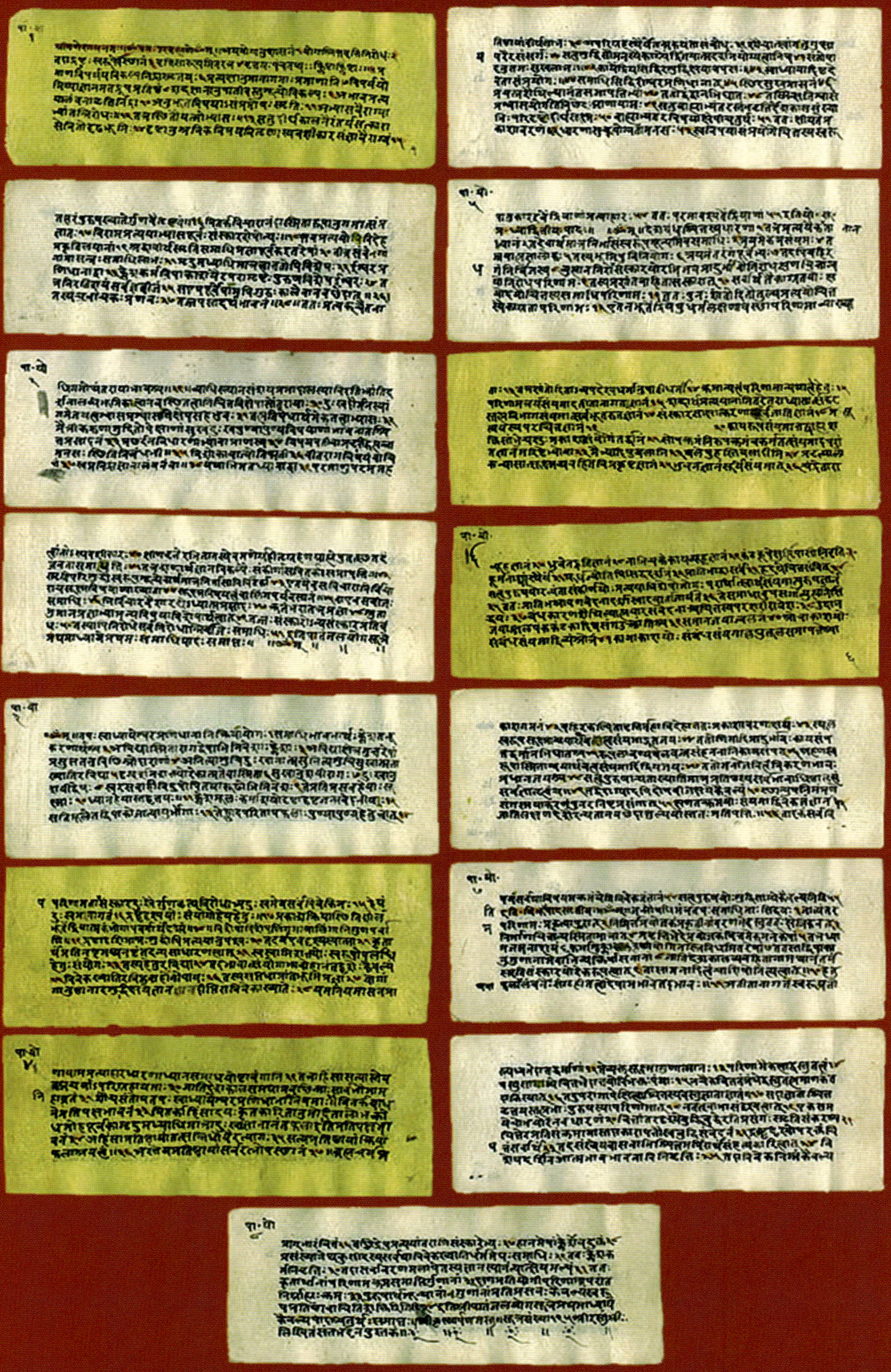

"Calmness is the living breath of
God's immortality in you"

落ち着きは、
内なる神の永遠の生きた呼吸である。

3 パラマハンサ・ヨガナンダ

西洋へ渡った指導者

20世紀はインドの最も有名な現代のヨギの1人、パラマハンサ・ヨガナンダの活動を通じて、ヨガとその哲学的概念が西洋に渡った時代だった。彼は国際宗教自由主義者会議にインド代表として出席するため、1920年に渡米し、西欧の観衆にクリヤ・ヨガを通じてセルフ・リアリゼーションのコンセプトを紹介した。1925年、クリヤ・ヨガの哲学を広めるためにセルフ・リアリゼーション・フェローシップがロサンゼルスに設立され、今日、彼の米国での活動は、同団体により受け継がれている。

ヨガナンダは1946年に、今なお名著とされる「あるヨギの自叙伝」（"Autobiography of a Yogi"）を出版し、一般の関心をたちまちのうちに呼び起こした。同書は18の言語に翻訳され、再販を重ねている。60年以上経った今もなお、同書はヴェーダ哲学（ハタ・ヨガはその一部に過ぎない）のより全体的な理解を現代の世界の読者に伝える入門書であり続けている。

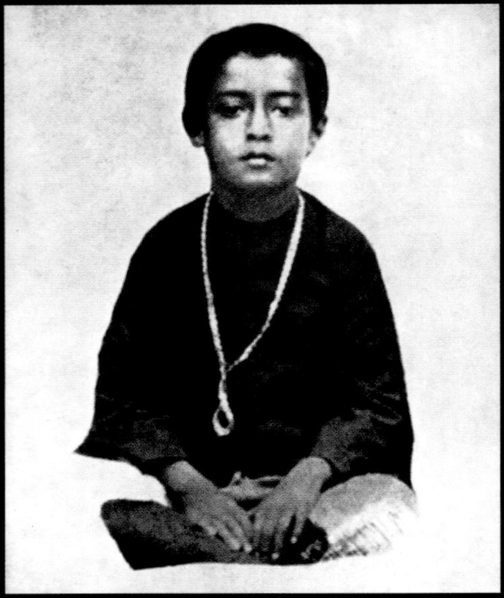

若年期

ここで簡単に紹介するパラマハンサ・ヨガナンダの人生は、自叙伝の要約である。

ヨガナンダは、インド東北部にあるヒマラヤ山脈の丘陵地帯に近い町、ゴラクプルで、1893年1月5日、バガバティ・チャラン・ゴーシュとギャナ・プラバ・ゴーシュの間の第4子、次男として生まれた。ムクンダ・ラール・ゴーシュと名付けられ、男の子が4人、女の子が4人の8人兄弟の大家族の一員となった。

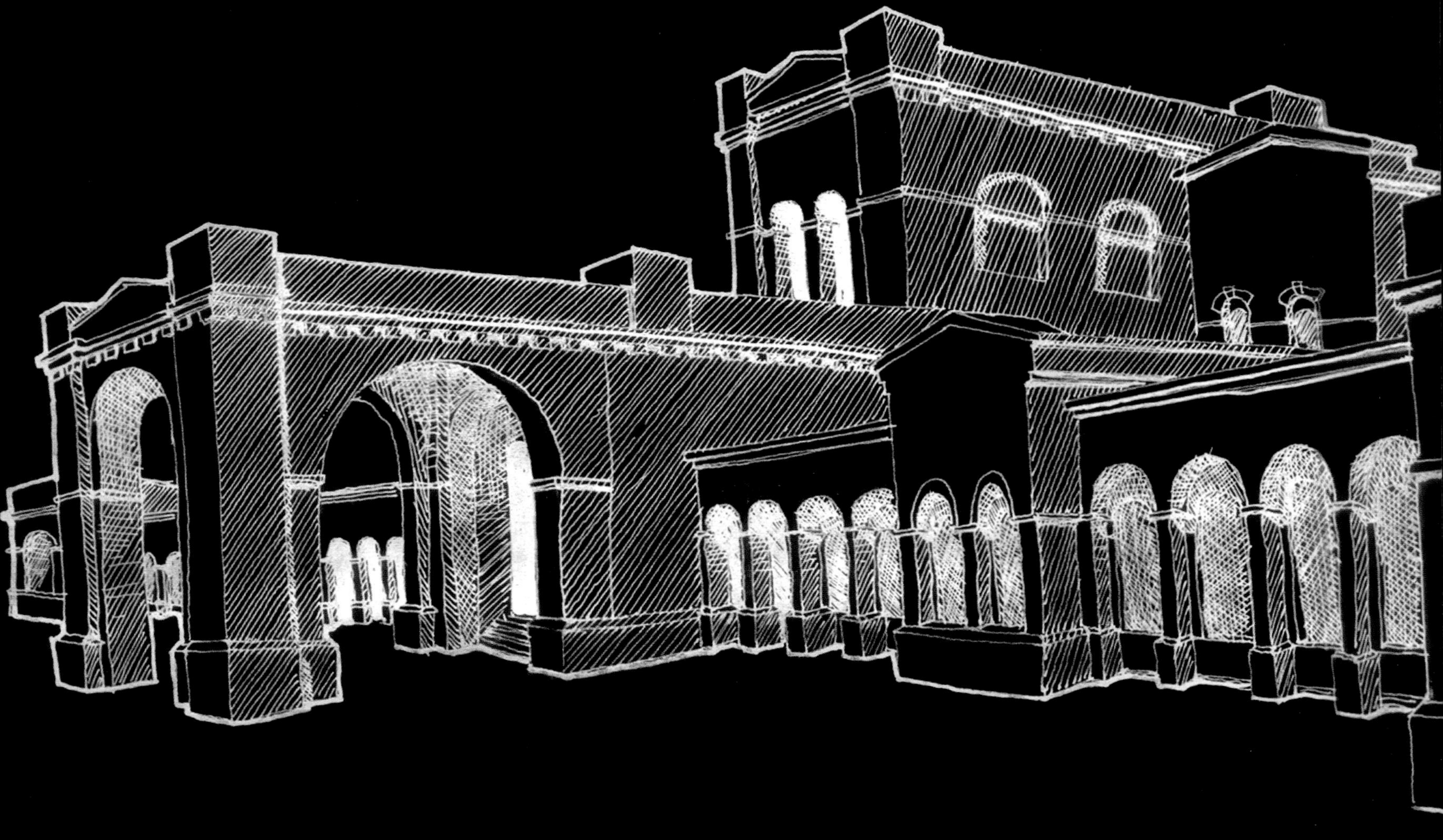

幼い頃から、信心深い両親の影響を受けた。両親は、スリ・マハアヴァター・ババジの弟子である偉大なヨギ、ラヒリ・マハサヤに入門し、クリヤ・ヨガの精神的修行に努めていた。

人生の初期における神との神秘的な出会いは8歳の時に起きた。母の言いつけに従い、ラヒリ・マハサヤの写真に祈り、死に至る病であるアジア・コレラを治した時である。彼が祈りのために手を挙げることもできないほど弱っていることを知る母は「心の中で拝みなさい。あなたが本当に献身し、大師に心の中でひざまずけば、きっと救われます」と助言した。彼が写真を見つめると、まばゆい光が彼の体と部屋全体を包み込み、病気の症状が消え、治癒した。

その少し後、彼は、山の洞窟で瞑想する聖者の神的なビジョンを見た。それはヒマラヤのヨギたちだと分かった。若きムクンダは、すぐに彼らと同じようにスピリチュアルな探求の人生をおくりたいと表明した。ビジョンはすぐに消えたが、神の光は消えずに広がり、彼にイーシュワラ（至高意識）の意識を目覚めさせた。

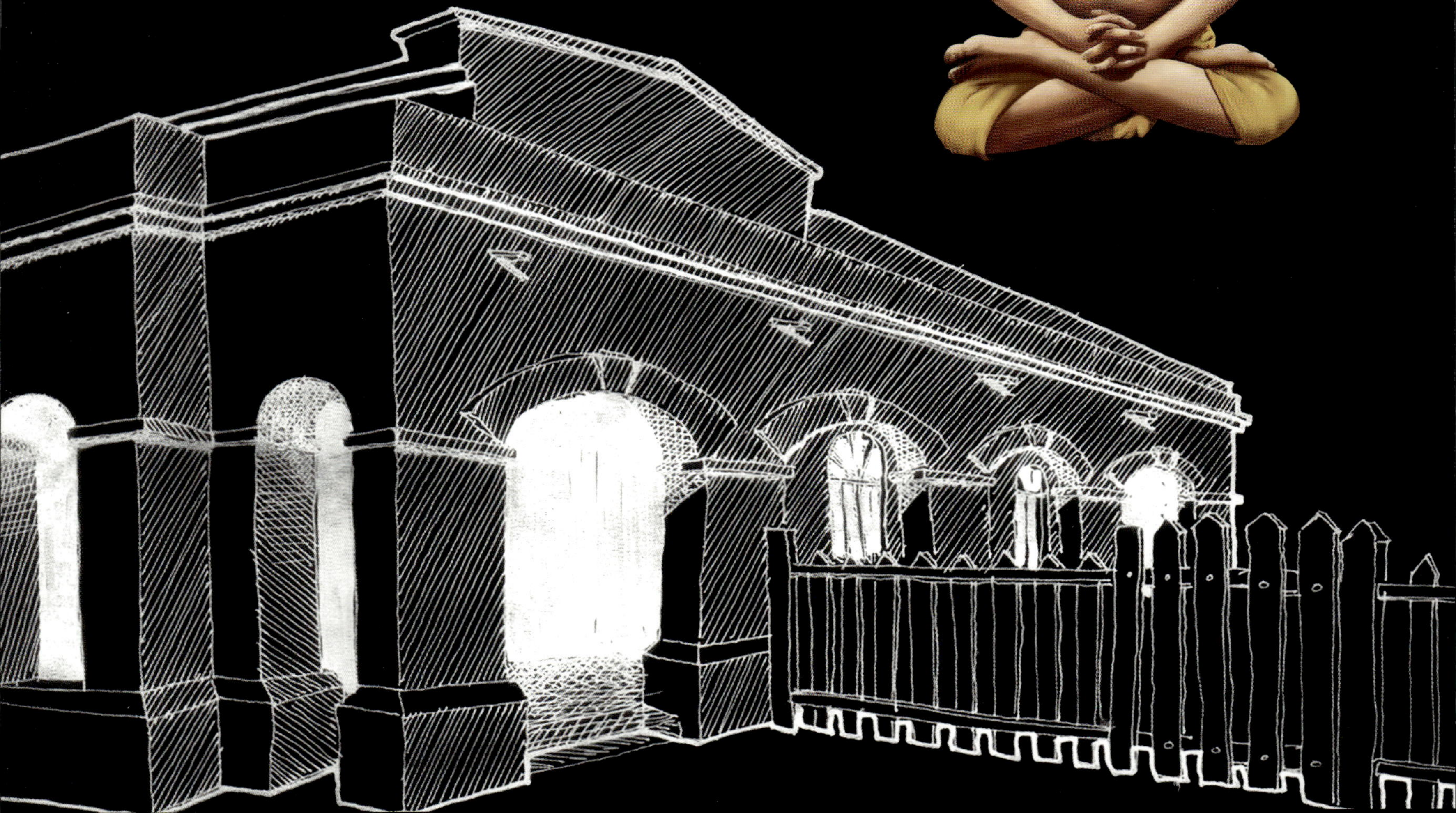

自叙伝の中でパラマハンサ・ヨガナンダは、ヨギとなる運命の予兆となるこのような神秘的出来事を数多く詳述している。彼は一度、友達とヒマラヤに逃亡することを決意したが、兄に家に連れ戻され、まずは学業を終えることを父に約束させられた。それでもなお、彼は終生をかけることになる神の探索をあきらめず、高徳のヨギや出家者の集まりにしばしば引き寄せられた。マスター・マハサヤ（ラヒリ・マハサヤとは別人）には、ダクシュネシュワルの有名なカーリー寺院に何度か巡礼に連れて行ってもらい、聖母の姿をした神の直接の体験をとりなしてもらった。

師との出会い

高校を終えると、彼はスピリチュアルな修行の人生を追求するため家を離れ、ベナレス（ヴァラナシ）の僧院、シュリー・バーラト・ダルマ・マハーマンダルに加わった。しかし、彼がスピリチュアルな指導者でありグルである、スリ・ユクテスワと出会い、ユクテスワがヨガナンダはカルカッタの家族のもとに戻ると予言したとき、彼の進む道は違う方向にあることが分かった。面目が潰れることが分かっていながら帰宅するのは気が進まず、ムクンダは結局、カルカッタからおよそ20キロ離れたセランポールにあるユクテスワの僧院を訪ねた。

パラマハンサ・ヨガナンダはこの訪問について自叙伝の中で、こう回想している。

「ああ、お前か」スリ・ユクテスワはバルコニーのある居間に敷いた虎の皮の敷物に座っていた。私を迎えた彼の声は冷たく、無表情だった。

「はい先生、み教えを受けるためにここに参りました」とひざまずき、足に触れた。

「どうして、そうできるのだ？お前は私の言いつけを無視した」

「先生、もうそのようなことはありません！先生のお言葉を私のおきてとします！」

「よろしい！それならお前の一生の面倒を引き受けよう」

「先生、喜んでおまかせいたします」

「では、私の最初の望みは、お前が家族のもとに帰って、カルカッタの大学に入ることだ。学業を続けるべきだ…。お前はいつか西洋に行くであろう。異国のヒンドゥー教の師が大学の学位を持っていれば、インドの古い英知も、かの地の人々に受け入れられやすいだろう」

彼の父はベナレスから息子が帰って来たのを大喜びし、グルの望み通り、息子をカルカッタにあるスコティッシュ・チャーチ・カレッジに入学させた。実際のところ、彼はほとんどの時間を大学の教室ではなく、セランポールでスリ・ユクテスワと過ごした。大学の講師たちは、彼が欠席しているときよりも、教室にいる時のほうがもっと驚いていたが、通常は彼の風変わりな態度を寛大に楽しんで見ていた。学生仲間は彼に「頭のおかしい行者」とあだ名をつけていた。しかし彼自身も含め、皆が驚いたことに、友人の指導、自身の吸収の早さ、時宜を得た神の介入の組み合わせに助けられ、1915年、文学士取得のためのカルカッタ大学最終試験に合格した。独特の謙虚さで、彼はいつもこの学位をちょっとした複雑な神の贈り物だとしていた。

入門

卒業後、ベンガル・ナグプール鉄道会社の管理職の地位をあてがわれたが、彼は直ちに辞退し、その代わりスリ・ユクテスワに僧侶にしてくれるよう願い出た。1915年、彼はグルによりスワミ僧団に入団した。

新しく染められた黄褐色の絹の布を彼にまとわせながら、スリ・ユクテスワは、「いつの日か、そなたは絹が好まれている西洋に行くようになる。そのしるしとして、慣例の綿ではなく、絹の布をお前のために選んだのだ」と語った。

常に簡潔さを好んだスリ・ユクテスワは、入念な儀式を省いて、ビドワット（儀式のない）の作法で彼をスワミとした。ムクンダは、ヨギとして暮らす彼の新しいアシュラムにおける新たな名前を自分で選ぶ特権を与えられた。彼は、「神との合一（ヨガ）による至福（アーナンダ）」を意味するヨガナンダの名を選んだ。

「では、そうしなさい。ムクンダ・ラール・ゴーシュの俗名は捨て、今後はスワミ僧団ギリ分団のヨガナンダと呼ばれよう」

8世紀、アディ・シャンカラチャリヤが正式に僧団を10の分団、ダシャナミに再編成した。ギリ（山）、サーガル、バーラティ、プリ、サラスワティ、ティルタ、アラニヤ、アシュラマ、パルヴァタ、ヴァナである。これらの僧団の僧侶になるには、その僧団のスワミにより入団させてもらわなければならない。通常アーナンダ（至福）で終わる僧団での新しい名前には、この10の分団への所属を示す称号が添えられる。清貧（所有欲の放棄）、貞潔、精神的指導者への服従という彼らの誓願には当然ながら、個人的な愛着や野心の断念も含まれる。

スワミの僧団での名前は、献身、知識、利他的行為、ヨガなどの特定の神的な道を通じて解脱（モクシャ）に到達する熱望を表している。全人類に対する無私の奉仕という主義を実行するため、ほとんどのスワミは人道的、教育的活動に尽くしている。彼らは、必要とあれば、インドであろうと外国であろうと、どこにでも行かなくてはならない。国籍、肌の色、カースト、宗教、性別による区別を否定し、スワミは全世界への奉仕に努める。かくしてのみ、個我を絶対的魂に融合させるという至高のゴールに向けて進歩していけるのである。スワミは必ずしもヨギである必要はない。ヨギとは、セルフ・リアリゼーションの科学的手法を訓練している人のことである。ヨギの道では、既婚か未婚か、世俗の義務に従事しているか、聖職にあるかは問われない。

スワミが無味乾燥な論理的思考と超然とした出家の道を追求することを選ぶ一方で、ヨギは体と心を段々に浄化し、魂を解放に導くための一定の精神的な修行を行わなければならない。盲目的な教理や単なる感情的な信仰に依存することなく、ヨギは古代の賢者により発見され、検証され、経典にまとめられてきた体系的修行法を訓練するのである。

いずれの道も他の道に優るものではない。神との合一という究極の目的は同じであり、これが達成されれば、そこに至る道のりの全ての違いが解消される。しかし、バガヴァッド・ギータはすべての人の手の届くところにあるヨガの道を支持している。それは、ヨガの技術が特定のタイプや気質の人のためのものではないからである。ヨガは、特定の信仰や信条を公言する必要はなく、ヨガの持つ普遍的探求への直接的な妥当性は、時代を超えた魅力を放っている。

クリヤ・ヨガの科学

「あるヨギの自叙伝」の第26章で、パラマハンサ・ヨガナンダは、彼の教えの実際的な部分、または応用的部分であるクリヤ・ヨガの科学について簡単な見識を示している。

現代のインドでのこのスピリチュアルな科学の普及は、スリ・ユクテスワのグルであるラヒリ・マハサヤのお陰だとしつつ、彼はクリヤ・ヨガをこう定義する。「クリヤのサンスクリット語の語源"クリ"は、すること、行うこと、反応することを意味する。原因と結果の自然法則、"カルマ"という語も同じ語源を持つ。したがって、クリヤ・ヨガは、『ある行動もしくは儀式(クリヤ)を通じた無限者との合一(ヨガ)』である。…クリヤ・ヨガは、血液から二酸化炭素を除去し、酸素を補給するシンプルな、精神生理学の手法である。この余分な酸素の原子が生命エネルギーに変わって、脳と脊椎の中枢に活力を与える。ヨギは、静脈血がたまるのを止めることにより、組織の衰えを減少させたり、阻止したりすることができる。上級のヨギは細胞を純粋なエネルギーに変化させることができる。

クリヤ・ヨガの科学の起源は数千年遡る。ヨガナンダは、ラヒリ・マハサヤの神秘的なグル、ババジが過去数百年の間に事実上消滅してしまったこの技術をどのように取り戻し、復活させたのかについて述べている。ババジは、ラヒリ・マハサヤに、こう述べている。「この19世紀にそなたを通じて世界に授けるクリヤ・ヨガは、数千年前にクリシュナがアルジュナに、その後パタンジャリ、キリスト、ヨハネ、パウロなど他の弟子たちにも知られるようになったものと同じ技術を復活させたものである」

クリシュナ神はバガヴァッド・ギータの中でクリヤ・ヨガについてこう言及している。

Apāne juhvati prānam prānepanam tathāpare
Prānāpanagati ruddvā prānāyāmparāyanāh
Apare niyatāharāh prānānprānesu juhvati
Sarvepyete yajnavido ygnakspitakalmasāh

「ある者は、呼気と吸気を律することで生命力を作り出し、コントロールできる。ある者は、感覚を抑制することで生命力を得る。これら全ては奉仕の意味を理解し、不浄のものを浄化する」(ギータ、4:29-30)

ヨガナンダはこれを「ヨギは、生命力(プラーナ)を獲得することにより、体内の老廃を阻止し、また体内の生長をアパーナ(老廃物を除去する流れ)によって阻止する。つまり心臓の動きをしずめることで、老廃と生長を中和し、ヨギは生命力のコントロールができるようになる」と説明する。

ギータの別の節

「体、頭、首を一直線にしっかりと維持し、目が泳がないようにしなさい。心がさまようことを止めた時、私の中で完全に成就する。その境地では、あらゆる恐れが真我の静寂の中に消え、あらゆる行いが私に向かって進む」（6:13-14）

パラマハンサ・ヨガナンダは、クリヤバン、すなわちクリヤ・ヨギが直接伝授しなければならないという古代のおきてに従い、クリヤ・ヨガの実際の技術については著書の中にあまり詳しく書いていない。その代わりに、彼は修行の効果の概要について記している。

呼吸のコントロールを通じて、生命力（プラーナ）に精通することにより、クリヤ・ヨギは、粗大身の要求に応えることから生命力を自由にし、微細身における脊椎の6つの中枢（チャクラ）に沿って上下に循環させる。これらのプラーナのエネルギーの大変革は、修行者の宇宙的意識の進化をとてつもなく加速する。彼は、「クリヤを1日8時間、1000回行ったとすると、1日で自然進化の1000年分に相当する効果をヨギは得る」と例を挙げている。したがって、クリヤ・ヨギは計算上、3年間の献身的努力で100万年分の精神的進化を遂げることが可能である。彼は、初心者がこの技術に取り組むことは難しいが、それでもゆっくりと最終目標に向かって進んで行くとしている。最終目標は、物理的相違が消え、ニルヴィカルパ・サマーディと呼ばれる変化のない神との霊的交わりの段階に至ることである。

普通の人間の肉体と意識を無限の合一の激しさに耐えられるようにするため、クリヤ・ヨガの技術は、呼吸に体現されている精神と物質のつながりを断ち切ることで実践者を次第に変化させていく。パラマハンサ・ヨガナンダは生命力を通じて直接心をコントロールするクリヤは、無限者に到達する最も簡単、効果的かつ科学的な手法であると断言している。長い道のりである神学的な論証とは対照的に、クリヤは神的な経験への直接的手段だと彼は主張する。

人生の使命

学びたいと希望する人たちに自分が得た知識を分け与えるべきだとの師のアドバイスに従い、ヨガナンダは、寄宿学校のモデル校を設立することを決めた。子供たちが霊的、学問的、身体的な価値の融合を発展させていくことができる総合的教育という長らく彼が温めていた理想に基づいたものだった。ベンガルの片田舎にあるディヒカという小さな場所で7人の生徒の教育を始めた。1年後の1918年、寛大なカシムバザールのマハラジャ、サー・マニンドラ・チャンドラ・ヌンディの厚意で、学校をカルカッタからおよそ200マイル（約320キロ）離れたラーンチーの王宮に移転した。彼はこの新しい学校をヨゴダ・サットサンガ・ブラフマチャリヤ・ヴィディヤーラヤと名付けた。

この学校は、農業、工業、商業の近代的な従来の科目を教える傍ら、ヨガとスピリチュアルな知識を少年たちに教える。生徒は、ヨガの瞑想法のほかに、1916年に彼が発見した健康と身体的発展のための体操、ヨゴダを教わった。

ラーンチーの生徒はヨゴダ体操を上手に行い、体力と忍耐力を得た。ヨガナンダの弟で後にフィットネスとヨガの達人として知られるようになるビシュヌ・チャラン・ゴーシュもこのラーンチー校に入学した。1年目の終わりまでに、学校は大変な人気を博し、入学希望者が増えたため、通学生も受け入れるようになった。学校はビハールとベンガルで尊敬される教育機関となり、ミドナポル、プリ、ラクシュマンプルにも分校が開校された。ノーベル平和賞を受賞した詩人で教育者のラビンドラナート・タゴールとマハトマ・ガンディーも、学校の活動を賞賛した著名人に名を連ねている。

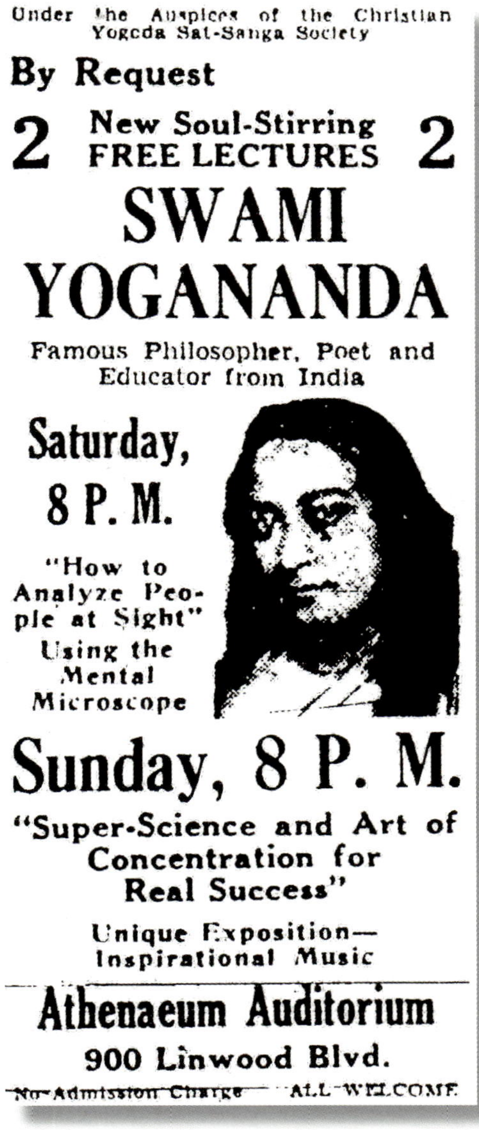

アメリカでの活動

1920年、ヨガナンダは米国で開かれる国際宗教自由主義者会議にインド代表として招待された。それは米国ユニテリアン協会の主催によるもので、ボストンで開かれた。父から気前よい金銭的援助を受け、1920年8月に米国に向け出港し、9月末に到着した。10月6日にこの国際会議で「宗教の科学」と題した初めての演説を行った。公の場で英語の演説を行うことに最初は不安を覚えたが、前向きに受け入れられ、他の団体からもスピーチの依頼が来た。彼はボストンに4年間留って、講演を行い、教室を開き、詩集『魂の詩』を出版した。1924年には、アメリカ全土を周る講演の旅に出発し、各地の主要都市での講演会は多くの聴衆を惹きつけた。

1925年、生徒たちの後援で、彼はカリフォルニア州ロサンゼルスのマウント・ワシントン・エステートにヨガ指導のための米国本部を設立した。何千人ものアメリカ人が彼のヨガのクラスに出席し、ヨガの手ほどきを受けた。彼はアメリカ中で講演を行い、クラブ、大学、教会グループにおいて数多くの人にスピリチュアルなメッセージを伝えた。

1935年、師がインドに戻るように呼ぶ声が聞こえた。カリフォルニア州で「セルフ・リアリゼーション・フェローシップ」を公益法人として登録した後、同年6月、ニューヨークからインドに向けて出港した。途中でイギリス、ドイツ（コナースロイトの偉大な聖女、テレーゼ・ノイマンに会った）、オランダ、フランス、スイス・アルプス、アッシジ、ギリシャを訪れ、ほとんどの場所で講演を行った。パレスチナ一帯の聖地を巡礼した後、ボンベイに帰国した。

ヨガナンダはカルカッタのハウラ駅に到着し、15年ぶりの帰郷を歓迎する大群衆に出迎えられた。セランポールでスリ・ユクテスワと再開し、グルはパラマハンサの称号を彼に授けた。

彼はインドで多くの仕事を成し遂げた。ラーンチーの学校は、財政難に陥っていたが、地元の慈善家や彼のアメリカ人の生徒からの金銭的援助を得て、財政基盤を立て直した。南インドを周り、マイソール、ハイデラバード、トラヴァンコール、マドラスを訪れた際には、彼の活動や旅についての講演に招かれた。1936年1月にはアラハバードのクンブ・メラにも行き、大勢の人の中でたくさんの優れたヨギと出会った。同年にはワルダーを訪れ、マハトマ・ガンディーとともに滞在し、ガンディーは彼からクリヤの手ほどきを受けた。3月、プリでスリ・ユクテスワがマハーサマーディ（覚醒したヨギの最後の意識が肉体から離れること）に入った。

1936年、パラマハンサ・ヨガナンダは米国に戻り、カリフォルニア州エンシニタスの新しいアシュラムで活動を続けた。教育、著作活動、センターの運営、クリヤの求道者の指導に取り組み、精神的に東洋と西洋を結びつけるという使命を果たし続けた。戦争中、セルフ・リアリゼーション・フェローシップは、1942年にカリフォルニア州のハリウッドに万教教会を設立。翌年にはサンディエゴに、さらに1947年には同州ロングビーチにも設立し、増え続けるスピリチュアルなニーズに応えた。1950年、ロサンゼルスのパシフィック・パリセードにセルフ・リアリゼーション・フェローシップ・レーク・シュライン（湖の聖園）が作られた。この美しい土地には、マハトマ・ガンディー・世界平和記念碑が建立され、ガンディーとヨガナンダの間にあった深い絆を強調している。

1939年、ダクシネシュワルのガンジス河畔にヨガ僧院が設立された。これが現在、ヨゴダ・サットサンガ・ソサエティーとそれに付属する学校、センター、アシュラムのインド総本部となっており、ロサンゼルスの国際本部と提携している。

現代にクリヤ・ヨガを普及させるという使命を果たした後、パラマハンサ・ヨガナンダはロサンゼルスで1952年にマハーサマーディに入った。それは、ビルトモア・ホテルでの駐米インド大使のための晩餐会でスピーチを終えた直後のことだった。パラマハンサ・ヨガナンダは、非凡なそして豊かな人生を送り、半世紀経った後も、彼の著作や教えはインド中、世界中のたくさんの霊的求道者を惹きつけ続けている。

"An ounce of practice
is worth
several tons of theory"

1オンスの練習は
数千トンの理論に値する

4

スワミ・シヴァナンダ・サラスワティ

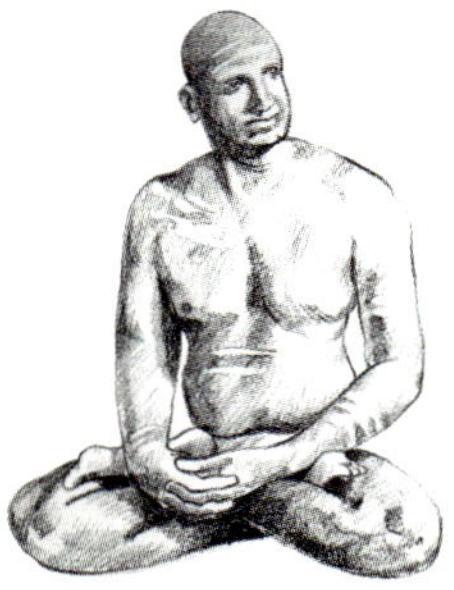

メッセージの擁護者

一部の師は、まぎれもなく非凡である。シュリ・スワミ・シヴァナンダ・サラスワティの偉大な姿は、今日でも人々の記憶に残る彼の深い慈悲の心、人を惹きつけずにはいられないカリスマ性、膨大な知性を収めるためのものだったのだろう。彼は20世紀において、ヨガ哲学の学習を刷新し、再活性させたが、それは彼を知る人にとっては驚くべき、そして一層の親しみを抱かせるような出来事だった。彼の学問における優秀さが、素朴な優しさから実用的な奉仕を行う模範を示すことを押しとどめることはなかった。

若年期

彼は1887年9月8日、現在のタミル・ナードゥ州ティルネルヴェリ県パッタマダイ村で、歳入担当官のP.S.ヴェング・アイヤールとパールヴァティ・アンマル夫人の第3子、末の息子として誕生した。両親は彼をクップスワミと名付けた。

興味深いことに、憐れみの心や寛大さ、所有欲のなさという優れた性質は、少年時代にすでに現れていた。大変知的で、常にクラスのトップという極めて優秀な生徒だった。その上、彼は母に持たされたごちそうを喜んで人にあげたり、困窮している人にお金を寄付するよう父にせがんだりする、物惜しみしない性質を自然に持ち合わせていた。食べ物を持っていれば、牛であれ、犬、猫、カラスであれ、お腹を空かせた生き物にあげてしまっていた。生来、敬虔な彼は父の日々のプージャを手伝うのが好きだった。

エッタヤプーラムのラージャ高校を卒業した後、ティルチラパリのS.P.G.カレッジに入学した。学業に加え、音楽、ディベート、演劇などの課外活動でも優秀だった。最初の試験の後、彼はタンジョール医学校に進学した。ここでも彼は優秀で、全科目で1番の成績を収め、医学士、外科修士の学位を取得した。その後、ティルチで医者を始め、その傍ら、母から少し資金を借りて医学ジャーナル「アムブロシア」を発刊し始めた。彼はこの冊子をよく無料で配っており、人々のための著作活動と知識の伝達に尽力する彼の生涯を予見させるものだった。

マレーシアへ

1913年、父の死後すぐ、クップスワミ医師はマレーシアで働き始めた。マレーシア到着をこう述べている。

「上陸してすぐ、ドクター・アイアンガーのお宅へ行った。彼の友人で、セレンバンで医師をしているドクター・ハロルド・パーソンズへの紹介状をくれた。そこへ行くと、ドクター・パーソンズは私をA.G.ロビンズ氏に紹介してくれた。彼は近くのゴム農園のマネージャーで、農園には病院が併設されていた。私にとって幸運なことに、ロビンズ氏は、ちょうどこの農園病院で働くアシスタントを必要としていた。…彼は私に『あなた1人で病院のすべてを切り盛りできるか』と聞いた。私は即座に『3つの病院だって切り盛りできます』と答えた」

献身的で熱心な働きぶりは次第に評判となり、この楽天的な自信はすぐに裏付けられた。例によって、彼は支払い能力に関わらず、全ての患者に生来の慈悲の心で接することで有名になった。しばしば支払いを受け取ることを拒み、逆に食事療法や医薬品をまかなう費用を貧しい患者に渡すこともあった。さらに彼の気取らずウィットに富んだ態度は、患者を素早くリラックスさせることができた。情け深い博愛主義と奉仕の精神は大きな尊敬と親愛を得て、彼は「愛の心」と愛情を込めて呼ばれるようになった。

医師として多忙な日々だったが、いたって社会的な生活を送り、おしゃれな服や美しく巧みに作られた骨董品を買うことが好きだった。彼は困窮した人にお金を与えるのと同じほど惜しみなく、これらのものにお金を使った。彼は外面的にとても快適で世俗的な生活をおくっていたが、強い精神性の底流は依然として活発だった。哲学、神学の本に深くのめり込み、定期的に祈祷を行ったり、アナハタ・ラヤ・ヨガやスワラ・サーダナを含むヨガのアーサナを行ったりした。この内面の発展は、スピリチュアルな旅において、必然的に彼を次の段階へと導いた。

SIVANANDA
CHARITABLE HOSPITAL
P.O. SIVANANDA NAGAR

リシケーシュでの出家

その次の段階は1923年に訪れた。彼は医師として成功したマレーシアを離れてインドに帰国し、ついに物質的世界を断念する決意を固めた。いかにも彼らしく、これまでの職に注いできたのと同じ熱意で形而上学的な探求の道に入った。チェンナイ（旧マドラス）からベナレスに旅し、そこでヴィシュワナート神（シヴァ、ベナレスの神）の神秘的ビジョンを見たとされている。放浪の間、ダラジ村でしばらく過ごし、郵便局長のコックとして働いた。この人物がリシケーシュを訪れるよう勧めてくれた。

彼は1924年5月8日にリシケーシュに到着し、同年6月1日、スワミ・ヴィシュヴァナンダ・サラスワティと会った。彼らが会ったのはほんの数時間のことだったが、スワミ・ヴィシュヴァナンダは、すぐさま彼が真の求道者であることを見抜き、スワミ・シヴァナンダ・サラスワティの名で、出家の道に入門させた。正式に出家させるための実際のヴィラジャ・ホーマの儀式は後に、シュリ・カイラス・アシュラムのスワミ・ヴィシュヌデヴァナンダジー・マハラージが完了させた。

スワミ・シヴァナンダはリシケーシュのスワルグアシュラムで、熱心に精神的なサーダナを開始した。ガンジス河畔の小さな小屋に住み、質素な生活を送り、厳格な浄化の行（タパス）を行った。長期間断食し、冬の氷のように冷たい川に半身浸り、沈黙を守りながら行う長時間の瞑想は、彼の献身を一層強くした。

これらの苦行の最中でさえ、彼は他の人に奉仕したり、病人の世話をし続けた。病気の僧を薬で治療し、彼らのために食べ物を請い、無私の心で看病した。床掃除をしたり、治療のために患者を病院に搬送したり、どんな雑用も難しい仕事も厭わずやった。彼は、満期を迎えた保険金を元手に1927年、ラクシュマンジューラーに全ての貧困者、出家者のための慈善診療所を開設した。長年にわたるこうした熱心な内省と無私の奉仕の後、悟りによる至福と合一の状態、ニルヴィカルパ・サマーディに達した。

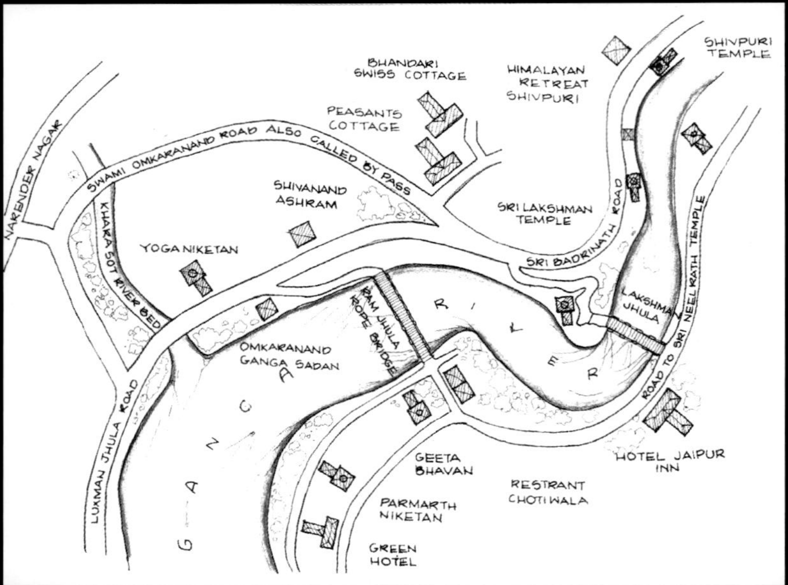
SHIVPURI TEMPLE
BHANDARI SWISS COTTAGE
HIMALAYAN RETREAT SHIVPURI
PEASANTS COTTAGE
NARENDER NAGAR
SWAMI OMKARANAND ROAD ALSO CALLED BY PASS
SHIVANAND ASHRAM
SRI LAKSHMAN TEMPLE
SRI BADRINATH ROAD
YOGA NIKETAN
KHARA SOT RIVER BED
RAM JHULA ROPE BRIDGE
RIVER
LAKSHMAN JHULA
ROAD TO SRI NEEL KATH TEMPLE
OMKARANAND GANGA SADAN
GANGA
LUXMAN JHULA ROAD
HOTEL JAIPUR INN
GEETA BHAVAN
RESTRANT CHOTI WALA
PARMARTH NIKETAN
GREEN HOTEL

SIVANANDAGHAT
शिवानन्द घाट

スワミ・シヴァナンダは、パーリヴラージャカ（放浪の僧）の生活を送っていた際、インド中を旅した。ラメシュワラム、オーロビンド・アシュラムなど、南インドの重要な巡礼地を訪問した。タミル・ナードゥ州のティルヴァンナマライでは、偉大な師、シュリー・ラマナ・マハリシにダルシャン（面会）の機会を得た。北部では、伝説的なカイラス山とチベットのマナサロヴァル地方、中国国境近くの聖なるバドリナートを訪れた。

デバイン・ライフ・ソサエティー

1936年にリシケーシュに戻るまでに、スワミ・シヴァナンダ・サラスワティは、スピリチュアルな道を進みたいと願う弟子たちを惹きつけるようになっていた。彼は弟子たちにスピリチュアルな手引きを書き取らせ始め、それが出版されると、さらに多くの求道者を集めた。哲学的知識と無私の奉仕のメッセージを広めるため、彼は「デバイン・ライフ・ソサエティー」という団体の立ち上げに尽くし、1936年に公益信託（トラスト）として登録した。

デバイン・ライフ・ソサエティーの最初のアシュラムは、ガンジス河畔の放棄された牛舎を彼と弟子たちが掃除して人が住めるようにしたところに設立された。この質素な出発から世界的団体へと成長し、スワミ・サティヤナンダ・サラスワティ（ビハール・ヨガ、サティヤナンダ・ヨガ）、スワミ・チンマヤナンダ（チンマヤ・ミッション、今度はこの団体が別の団体を育成した）、スワミ・サッチダナンダ（インテグラル・ヨガ）、スワミ・ヴィシュヌデヴァナンダ（シヴァナンダ・ヨガ・ヴェーダーンタ・センター）などの優れた精神的指導者を輩出した。それぞれがあらゆる角度からヨガ哲学の再活性化を続ける一流の団体を創設した。

スワミ・シヴァナンダは、毎日どんな紙切れにでも書くような多作の著述家であった。ヨガ、形而上学、心理学、健康、倫理など様々なジャンルの様々なテーマについて、300冊近い本を遺した。すべての著作の根底にあるのは、深淵な見識を得るべく、ヨガ哲学を日常生活に実用的に応用することであった。医師としての彼は、奉仕を強調した。彼は行為のヨガ（カルマ・ヨガ）の重要性を

とりわけ強調した。音楽も大変好きで「サンギータ・ヨガ」（ヨガとしての音楽）をしばしば解説し、音楽を歌ったり、弾いたりする人を激励した。

スワミ・シヴァナンダは、それぞれの人の才能や技術を開花させることができるように、各人にふさわしい活動のフィールドとなるソサエティーの様々な部門を組織した。月刊ジャーナル「デバイン・ライフ」の発刊は、1938年9月に始まった。

彼自身はアロパシー（通常の近代医学）の医師であったが、ヒマラヤ山脈で豊富にとれるハーブで作るアーユルヴェーダの薬を開発する必要性を感じていた。1945年、シヴァナンダ・アーユルヴェーディック・ファーマシーを立ち上げ、ホリスティックな治療に対する新たな関心を呼び起こした。

彼は1945年12月に全世界宗教連盟を組織、全世界聖人連盟も1947年に立ち上げた。ソサエティーの活動はその年大きく広がり寄宿者や訪問者のニーズに答えるために多くの新たなビルが建てられた。体系的な精神的修行を提供するために、1948年、ヨガ・ヴェーダーンタ・フォレスト・アカデミーが設立された。

スワミ・シヴァナンダはほとんど旅行しなかったが、精神的、道徳的覚醒のメッセージを伝えるために、1950年、インド・セイロンの旅に出た。人を惹きつける彼の個性は大きな反響を呼んだ。活動への要望が増えたため、1951年、ヨガ・ヴェーダーンタ・フォレスト・アカデミー・プレスが立ち上げられた。1953年にはシヴァナンダ・アシュラムで宗教世界議会を主催した。

ドクター・デヴァキ・クッティのような献身的弟子による奉仕を旨とした世話で、リシケーシュの小さな診療所は大きくなり、正規の病院になった。さらに1957年にはシヴァナンダ眼科医院が開かれ、困窮者への無料診療の伝統がここにも引き継がれた。

スワミ・シヴァナンダ、弟子たちとともに

アヤッパ神

スワミ・シヴァナンダは、著作、定期刊行物、手紙を通じて、社会奉仕、個人の修行、セルフ・リアリゼーションという生涯のメッセージを広めた。彼の著作の研究、インドのすべての地域言語で計画的な翻訳・出版を行うために、シヴァナンダ文学研究所が1958年に設立された。

1961年にデバイン・ライフ・ソサエティーは25周年を祝い、スワミ・シヴァナンダは彼の人生の使命は果たされたと思った。

自身で「統合のヨガ」と名付けた彼のヨガは、行為、知性、献身のヨガの3つの主要な側面を同時に発展させることを強調する。手、頭、心が一体となった時にのみ、スピリチュアルな潜在性の完全な発達が可能となる。つまり「あらゆる存在に真我を見いだすためのジュニャーナ（知恵）、真我を愛するためのバクティ（献身）、真我に仕えるためのカルマ（行為）。…この3つの道は実際には1つであり、それぞれの道は3つの異なる質のうちのどれかが強調されたものに過ぎない。ヨガとは、真我を見て、愛して、仕えることができる手法を与えるものである」

統合のヨガの詩

少し食べ、少し飲み
少し話し、少し眠り
人と少し交わり、少し動き
少し仕え、少し休み
少し働き、少しリラックスする
少し勉強し、少し礼拝する
アーサナを少し、プラーナーヤーマを少しやり
少し考え、少し瞑想し
ジャパを少し、キルタンを少しやり
マントラを少し書き、サットサンガを少し持ち
仕え、愛し、与え、浄化し、瞑想し、実現せよ
良き人であれ、良きを行え、優しくあれ、慈悲深くあれ
「自分は誰なのか？」を問え、真我を知って自由になれ

「したがって、皆1つのヨガを基本のヨガとし、他のヨガを組み合わせるべきである。ニシュカマ・カルマ・ヨガ、ハタ・ヨガ、ラージャ・ヨガ、バクティ・ヨガ、サンキルタン・ヨガなどを基本であるジュニャーナ・ヨガと組み合わせることができる。これが素早い精神的進歩を確実にする私の統合のヨガである。…このようなヨギは多方面で発展できる。よって、モクシャプリヤ（解脱の愛好者）よ、このユニークな統合のヨガを修行し、セルフ・リアリゼーションにいち早く到達せよ」

シヴァ神の息子、カルティケヤ—ヒンドゥーの戦の神

1963年7月14日、非凡な才能を発揮したスワミ・シヴァナンダ・サラスワティは、彼が人生のほとんどを過ごしたガンジス河畔の小さな小屋でマハーサマディ（肉体の放棄）に入った。

彼の座右の銘は、「良き人であれ、良きを行え」であり、自身の人生でこれを実行した。自分自身の探求に優れ、卓越したところに到達した彼は、より高い目標を目指すという希望を他の人に分け与えることで最高の善行を果たすことができた。この偉大な師が触れ、覚醒させ、激励し、悟りを開いた魂の数は数えきれない。

“Breath is Life”

呼吸は命

5

ティルマライ・クリシュナマチャリヤ

現代アシュタンガの父

今日のハタ・ヨガの実践は南インドの小さな、気取らない、多才なブラーミン、ティルマライ・クリシュナマチャリヤに負うところが大きい。完璧な理論の大家であったクリシュナマチャリヤは、それにも関わらず、前例にないほどの精密さでアーサナの行法を発展させた。ハタ・ヨガの技法の現代への復活はこの師のおかげであり、20、21世紀の最も偉大なヨガ指導者の多くは彼の直弟子か、弟子の弟子である。クリシュナマチャリヤのヨガのスタイルの特徴は、実のところ、どれとして特徴のないことである。彼の素晴らしさは、百科事典的な知識を用いて、それぞれの生徒の個々のニーズや能力に合わせて練習メニューを作成する比類ない能力にある。

彼自身は正統派だったが、非出家者（在家）と女性にヨガを教えた最初の指導者でもあった。その結果、ヨガは在家者には縁遠い出家者のためのものから、より広い一般世界のものへの変貌を遂げた。

B.K.S.アイアンガー、K.パタビ・ジョイス、インドラ・デヴィ、T.K.V.デシカチャール、シュリヴァトサ・ラーマスワミなど多くの指導者は、クリシュナマチャリヤのトレーニングに共通の根と土台を持つ。彼らやその他の人々を通じて、ヨガの様々な側面がアジア、ヨーロッパ、アメリカへと広がった。今日、世界中のほとんど全てのヨガ・スクールが彼の影響を受けていると言って間違いはない。

若年期

クリシュナマチャリヤは1888年11月18日、ティルマライ・シュリニヴァサ・タッタチャリヤとその妻、ランガナヤカンマの長子として生まれた。一族は、偉大なヴィシュヌ派の聖人であり詩人のナンマールヴァールとナータムニの血筋だと言われている。

この学者の伝統を受け継ぐ者に期待される通り、若いクリシュナマチャリヤは学問に秀でていた。彼が5歳の時、父はパタンジャリのヨーガ・スートラを教え、ヨガとの生涯にわたる結びつきを作る種を撒いた。父は彼が10代になる前に亡くなってしまったが、父が点火した火花は若者をサンスクリット語、論理学、法学、アーユルヴェーダ、音楽などのインドの古典的学問を追求し、完全に修めるよう駆り立てることになった。

シュリ・ナータムニ

クリシュナマチャリヤ少年の最初のハタ・ヨガとの出会いは、シュリンゲーリ僧院で僧侶から24のアーサナを習った時だった。12歳になると、700年の歴史を持つヴィシュヌ派の学習の中心的存在であったマイソールのパラカラ僧院に通った。彼はまたマイソール王宮が運営するマイソール・サンスクリット・パタシャラでも勉強した。

失われた文献の回復

自伝的手記の中で、彼は祖先である聖人、ナータムニとの神秘的な出会いについて語っている。彼が16歳の時、夢の中で現在のタミル・ナードゥ州トゥーティコリンに近いアルワール・ティルナガリにあるこの聖人の霊廟を訪ねるよう指示された。到着した彼は空腹で疲れていた。霊廟の門のところでナータムニについて尋ねると、1人の老人に近くのマンゴー果樹園に行くよう指示された。果樹園に到着すると、意識を半ば失って倒れ込んだ。彼は忘我の境地で、ナータムニが他の2人のヨギの間に座っているのを見た。ナータムニは、1000年の間行方不明になっていたヨガ・ラハシヤ（ヨガの秘密）を完全な形で暗誦してくれた。若きクリシュナマチャリヤは、ヨガとセラピーのつながりについて議論したこれらの詩節を覚え、後に書き起こした。

ヨガの探求

このエピソードの後、クリシュナマチャリヤはマイソールのロイヤル・カレッジでの勉強に戻り、論理学、文献学、音楽で学位を取った。18歳でベナレス大学に通うためにインド北部に行き、そこで彼は論理学とサンスクリット語を修めた。サンスクリット語では著名な文法学者、ブラフマシュリ・シヴァクマール・シャストリに師事し、サンスクリット文法の珍しい局面に注目した。彼はミーマーンサー哲学をブラフマシュリ・トリリンガ・ラーマ・シャストリから学んだ。マイソールに戻り、パラカラ僧院の長、シュリ・クリシュナ・ブラフマタントラ・スワミの下でさらに3年学んだ。彼はヴェーダーンタ哲学について探求し、ヴィーナの弾き方を習った。

1914年、クリシュナマチャリヤはベナレスに戻り、クイーンズ・カレッジに通った。貧乏学生で、しばしば食べるのにも苦労したが、この逆境が知識の追求を抑えることはなかった。クイーンズ・カレッジからパトナ大学へ入学、ヴェーダの六派哲学を学び、後に有名なベンガルのヴァイディヤ・クリシュナクマールの下でアーユルヴェーダを習った。

この期間を通じて、彼はヨガの訓練をテキストから学び、時折ヨギに会って練習した。パトナでサーンキヤ・ヨガの試験を成功裏に終えたが、彼は、ヨガの勉強をさらに進めるようにとの父のたっての願いをいつも意識していた。神による偶然の巡り合わせによって、彼の関心について知った1人の教授がハタ・ヨガの希有な師であるラーマモハナ・ブラフマチャリを紹介してくれた。

シュリ・ブラフマチャリはヒマラヤ山脈の人里離れた洞窟に住んでいた。この指導者を探すためにいかにしてマナサロヴァル湖とカイラス山（現在は中国支配下のチベット自治区内）までトレッキングしたかをクリシュナマチャリヤは説明している。彼はこの指導者の下で7年を過ごし、パタンジャリのヨーガ・スートラの微妙な意味、アーサナ、プラーナーヤーマ、ヨガ・セラピーについて学んだ。ここで彼は、後にヨガの実演で便利なツールとなったヨガのシッディ（超常的能力）を会得しただけでなく、数百のアーサナを学んだと言われている。訓練が完了した際、彼は先生にグル・ダクシナを申し出たかったが、家に帰るように言われ、所帯を持ち（グラハスタ）、ヨガを教えた。

クリシュナマチャリヤは南インドに戻り、ニヤーヤ哲学とヨガを補完する伝統的でホリスティックな医術であるアーユルヴェーダのさらなる知識を得た。

クリシュナマチャリヤの素晴らしい学識ときらびやかな古典の知識をもってすれば、インド中のどこの著名な研究機関でも職を得ることは可能だったが、グルの指示を守り、マイソールに戻った。イギリスがインドの教育システムを強固に掌握していたこの時代において、ヨガを教えるというのは、全くもうかる仕事ではなかった。彼はコーヒー・プランテーションの監督として働かねばならなかったが、それでも時間が許せばいつでも、マイソールを周り、実演講義を行った。観衆の興味をかき立て、注目を集めるために、脈を止めるとか歯で重い物を持ち上げるなどの劇的なシッディの力を見せたものだった。

彼はグルのもう1つの望みに従い、ナマギリヤンマと結婚した。夫婦は当初、極貧生活を送っていたが、それはヨガのメッセージを世に広めるというクリシュナマチャリヤの決意を鈍らせるものではなかった。

AFGHANISTAN
Hindu Kush
Kabul
KASHMIR
Himalaya
Indus
Jhelum
Chenab
PUNJAB
Ravi
Lahore
Sutlej
SIKHS
Multan
Ludhiana
SIRHIND
MYSORE
Kolar
Bangalore
Ambur
Palar
Vellore
Arcot
Conjeeveram
Pulicat
Madras
Ft. St. George
Covelong
Chingleput
Sudras (Dutch)
Wandiwash
Gingee 1750
Pondicherry
BARAMAHAL
Penner
Ft. St. David
Trivadee
Cuddalore
Porto Novo
Chidambaram
Devikottai
Coimbatore
Cauvery
Coleroon
Karikal
Trichinopoly
Tanjore
Negapatam
CARNATIC
San-po
NEPAL
BHUTAN
UPPER DOAB
Delhi
ROHILKHAND
Bareilly
Matera 1804
Bikaner
RAJPUTANA
Laswari 1803
Aligarh 1803
Agra 1803
Farrukhabad 1804
OUDH
Bharatpur
Jaipur
JAIPUR
Lucknow
Cawnpore
Gorakhpur
Jodhpur
Ajmer
Gwalior
LOWER DOAB
Gogra
Patna
Cooch Behar
Monghyr
SIND
Aravalli Ra.
Chambal
Kotah
SINDHIA 1804
Ganges
Allahabad
Benares
BIHAR
Udaipur
MALWA
BUNDELKHAND
Murshidabad
BENGAL
Cutch
HOLKAR
Bhopal
Tropic of Cancer
CHOTA NAGPUR
Burdwan
Chandernagore
Calcutta
Ft. William
Midnapore
GAIKWAR
Indore
Baroda
Vindhya Ra.
Narbada
MARATHAS
Kathiawar
Broach
Budge Budge
Asirgarh 1803
Satpura Ra.
Gawilgarh 1803
Balasore
Hooghly
Burhampur 1803
Surat
KHANDESH
Argaum 1803
Nagpur
Wardha
BHONSLA
Mahanadi
CUTTACK
Daman
Assaye 1803
BERAR
ceded by Bhonsla 1804
(Raja of Nagpur) 1804
Cuttack
Juggernaut
Bassein
Aurangabad
Salsette I.
Bombay
Western Ghats
PESHWA
Ahmadnagar
Kharda 1795
Godavari
Poona
NIZAM'S DOMINIONS 1801
Bidar
Hyderabad
BAY OF BENGAL
Satara
Sholapur
Vizagapatam
NORTHERN CIRCARS
Coringa
Kolhapur
Bijapur
Kistna
Guntur
Masulipatam
Tunga Bhadra
Kurnool
Gooty
Goa
Penner
Chitaldroog
Cuddapah
Gurramkonda
MYSORE 1799
Bangalore
Seringapatam
Arcot
Vellore
Pulicat
Madras
Ft. St. George
Conjeeveram
Mysore
BARAMAHAL
Pondicherry
Cuddalore
Coleroon
MALABAR
Calicut
Coimbatore
Karikal
Trichinopoly
Tanjore
COCHIN
Dindigul
TRAVANCORE
CARNATIC
Trivandrum
Trincomali
CEYLON
INDIA
British territory in 1798, and territory annexed by Lord Cornwallis.
British territory in 1805.
A Territory annexed from Mysore 1799.
B Mysore lands given to the Nizam but returned 1801.
C Mysore lands offered to the Marathas but refused.
D Carnatic territory brought under direct government 1801.
E Lands ceded by Oudh.
F Lands ceded by Sindhia 1803.
G Lands ceded by the Gaikwar 1803.
H Lands ceded by Bhonsla 1803.
States under subsidiary alliances 1805, the dates are those of the acceptance of subsidiary alliance.

王家の支援

1931年、状況が改善した。マイソールのサンスクリット・カレッジに給料のいい職を得て、常勤でヨガを教えられることになった。さらにクリシュナマチャリヤはマイソールのマハラジャとその一家にもヨガを教えた。マハラジャは、特にヨガの治療効果に興味を持っていたが、恐らく自身が糖尿病であったためだろう。

マイソールのウダイヤール王家は、地域の様々な芸術や学問の振興を長年支援してきた。いくつもの古代の伝統や技術を振興し、復活させ、保護した功績は彼らに帰せられるべきである。歴史的なヨガのパトロン、前マハラジャのシュリ・クリシュナラージャ・ウダイヤール3世は王宮図書館のコレクションにシュリタットヴァニディと呼ばれる素晴らしいアーサナの図解入り文献を収集していた。当時のマハラジャ、クリシュナラージャ・ウダイヤール4世は、クリシュナマチャリヤによるインド全土でのヨガ振興のための講義に惜しみない金銭的援助を与えた。

クリシュナマチャリヤへの支援は、サンスクリット・カレッジでの彼の規律が厳しすぎると学生が抗議する事態になっても変わることはなかった。素晴らしい指導者を失いたくなかったマハラジャは、ヨガシャラ（ヨガ・スクール）を立ち上げるのに王宮の体育館を提供した。

クリシュナマチャリヤがかの有名なアシュタンガ・ヴィンヤーサ・ヨガを生み出すことになったのは、彼がこの王宮のヨガシャラの代表を務めていた頃だった。彼は若くてエネルギッシュな男子生徒たちに合わせ、ヨガと体操の組み合わせから引き出されたダイナミックなアーサナのシークエンスを考案した。このスタイルは、各アーサナに入る際、また次に移行する際の流れにスーリヤ・ナマスカーラの動きを取り入れたもので、各ポーズで定められた呼吸、ドリシティ（視点）、バンダ（引き締め）とともに行う。彼はアーサナのシークエンスを難易度で3つのレベルに分け、プライマリ、インターミディエイト、アドバンスのシリーズと呼んだ。生徒は各シークエンスの全ての細かな特徴を完全にマスターしてのみ上のレベルに進むことがきた。

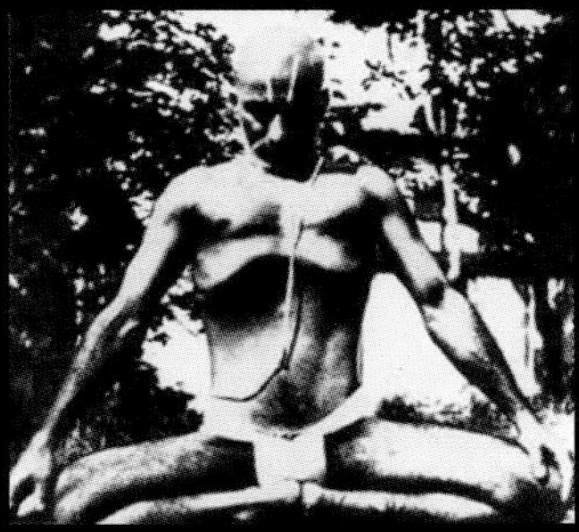

クリシュナマチャリヤ自身は正統派だったが、カースト、信条、国籍、社会的ステータスにこだわらずにヨガは誰にでも応用できると信じていた。彼はヨガを庶民やムスリム貴族、イギリス兵にも教えた。

彼はまたもう1つの長年にわたる制約をも打ち破った。女性でかつ外国人である、ラトビア生まれのゼーニヤ・ラブンスカヤ(後のインドラ・デヴィ)を弟子として受け入れたのだ。彼女は王族の友人を通じて王宮のヨガ・クラスに出会い、彼にレッスンをしてくれるよう申し入れた。クリシュナマチャリヤは当初は気乗りせず、厳しい条件と苛酷なスケジュールを課して彼女を試したが、最後にはその誠実なコミットメントに納得し、彼女のトレーニングを指導者となるためのものに拡大した。外交官だった夫につきそった彼女は中国にヨガを紹介し、ハリウッドではグレタ・ガルボやグロリア・スワンソンといった映画スターが熱心な生徒となった。その後はアルゼンチンに6つのヨガ・スクールを設立した。

その他の非凡な弟子たちはK.パタビ・ジョイス（マイソール・アシュタンガ・ヴィンヤーサ・ヨガの指導者)、B.K.S.アイアンガー(セラピーに重きを置いたアイアンガー・ヨガを創作)、また自身の息子、T.K.V.デシカチャール、T.K.シュリバシャーム、シュリヴァトサ・ラーマスワミである。

1947年のインド独立で、マイソール王家の影響力が低下したのに伴って、ヨガシャラへの支援も小さくなり、生徒数が極端に減少した。1950年にヨガシャラは閉鎖され、60代になっていたクリシュナマチャリヤは再び職を求めることになった。バンガロールに少し滞在した後、マドラス(現在のチェンナイ)に移動し、ヴィヴェーカーナンダ・カレッジで教員の職を見つけた。

ゆっくりと着実に新しい生徒が集まった。マイソールで教えた活力ある若者たちとは異なり、ここの生徒たちはそれぞれ様々な身体的能力と背景を持っていた。物わかりの良いクリエイティブな指導者であるクリシュナマチャリヤは、プラーナーヤーマ(呼吸)とアーサナの調和を常に重視しつつも、手法を改良することに着手した。彼はまず生徒が今すぐ必要としていることを診断し、それに合わせて期間、頻度、アーサナのシークエンスを調整した。この穏やかな、よりセラピー的なヨガをハーブ薬と食事療法で補完し、ホリスティックな治療とした。生徒が健康で強くなると、今度はその能力を伸ばすために練習を拡大した。

年齢を重ねると、ヨガの構成要素の1つとしてヴェーダの誦読も教え始めた。彼のお気に入りの文献はいつも、バガヴァッド・ギータ、パタンジャリのヨーガ・スートラ、ナータムニのヨガ・ラハシヤだった。

ハヌマーン―ラーマ神への献身者、風の神の息子

シルシャ・アーサナ（三点倒立）

驚くほど長い指導歴の中で、元気な子供や若者、妊娠中の母親、病人、障害者、高齢者など様々な人のニーズに対処する方法を編み出した。そのプロセスの中、若者には体力増進と規律の遵守、家族のために働いている人には健康維持、熟年世代の練習にはスピリチュアルな意味を与える手助けをするなど、人生のそれぞれの段階におけるヨガの価値を再発見した。

クリシュナマチャリヤは１世紀を超えて生き、1989年に亡くなった。彼は個人的には正統派であり続けたが、それにも関わらず、真に献身的な生徒なら誰にでもその膨大な知識の蓄積を分け与えた。ヴェーダ哲学、アーユルヴェーダ、古典音楽、占星術、園芸、文献学、論理学で大成したが、多くの技術の中でヨガがこの傑出した人物を際立たせた一側面となった。

それは恐らく、彼が伝統的知識が急速に失われつつあるインドの不安定な時代におけるかけはしとなったからだろう。ヨガが少数者にのみ伝えられる秘技的なものから、これから1000年でも生き残れるように、より身近なものとなるべきだということに気がついていた。

当然ながら、直感や非凡な才能をそっくりコピーすることは不可能であるが、彼の教えの多様性は、様々なヨガの流派の種を撒いた。そしてそのそれぞれがヨガ哲学と練習を進化させ続けている。したがって普遍的な妥当性を持つ、ダイナミックなヨガの性質を認めることで、彼の遺産は最も活かされることになるのだろう。

“Practice, practice, and all is coming.
Ashtanga yoga is
99% practice and 1% theory”

練習、練習その後に全てがやってくる…
アシュタンガ・ヨガは
99%の実践と1%の理論

6

K.パタビ・ジョイス

呼吸と流れの師

クリシュナ・パタビ・ジョイスは、ティルマライ・クリシュナマチャリヤの一番弟子の1人で、マイソールのアシュタンガ・ヨガ・リサーチ・インスティテュートの創始者である。90代で亡くなるまで、グルジ（一般にこの名で知られる）は、世界中のヨガの献身者を絶え間なく引き寄せ続けた。

1915年7月、彼は現在のカルナタカ州ハッサンに近いコウシカ村で、縁起の良いグルプルニマの日に誕生した。小さな伝統的な村で、彼の父は村の僧侶であっただけでなく、占星術師でもあった。父は多くの家庭のプージャを執り行い、ブラーミンの家の男の子の慣例であるヴェーダの学習と礼拝の儀式を早くから息子に手ほどきした。

12歳頃、学校で行われたティルマライ・クリシュナマチャリヤによるヨガの実演講義に偶然参加したことがジョイスの人生を変えた。次の日、彼はクリシュナマチャリヤに弟子入りを願い出た。以降2年間、彼はこの師からヨガを学んだ。14歳になると、ほとんどのブラーミンの男の子と同様に、聖紐を授けられた。この頃クリシュナマチャリヤは、よその場所で教えるために、ハッサンを離れた。10代のパタビ・ジョイスもまたサンスクリット・カレッジで勉強したいと願い、友達2人と家出し、マイソールに行った。お金はほとんどなく、若い学生にとってマイソールでの生活は楽なものではなかった。1930年、マイソールでのヨガの講義で以前の師、クリシュナマチャリヤと偶然再会した。彼らは中断されていた指導を再開し、パタビ・ジョイスはヨガの勉強を続けた。

前章で述べたように、マイソールのマハラジャは伝統文化の偉大な支援者であり、王宮にヨガシャラを設立していた。クリシュナマチャリヤがその代表を務めていたため、ウダイヤール王家のために指導と実演を行うようグルがパタビ・ジョイスに頼む機会が多くあった。

王家の支援者は若いヨガ指導者に感銘を受けたようで、マハラジャのサンスクリット・カレッジでヨガを教える職をオファーしてくれた。この職は、食事付きで勉強のための奨学金、固定給がもらえるものだった。グルから早速承諾をとったジョイスは、1937年3月1日、同カレッジでヨガ学部を始めた。彼は36年間ここで教え続け、教授の称号「ヴィドワン」を得て、1973年に退職するまで学部長の地位にあった。その間、マイソールのマハラジャが亡くなり、インド独立後は王家の支援も少なくなっていた。クリシュナマチャリヤがマドラスに去った時、ジョイスはマイソールのカレッジに残ることを選択した。

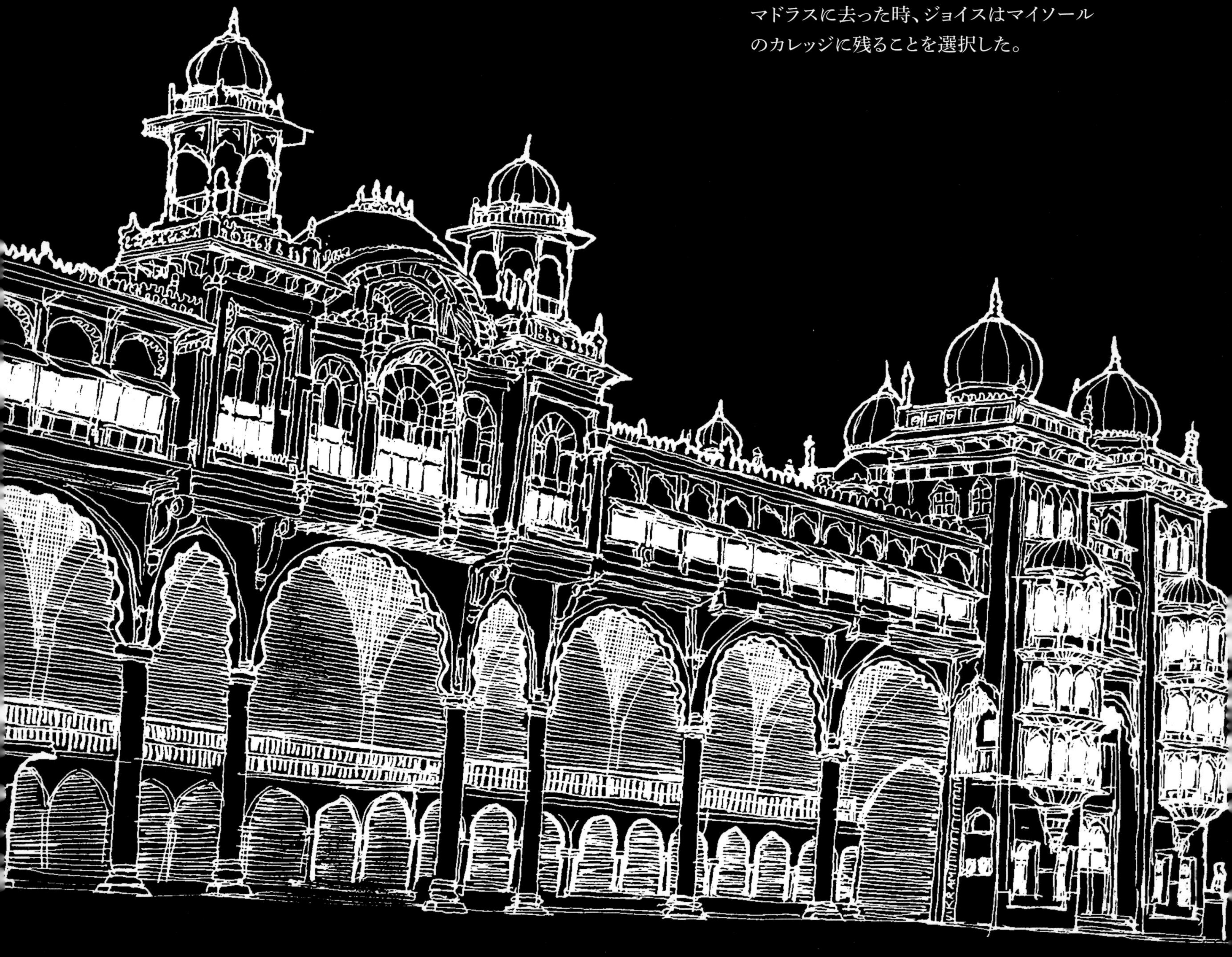

家族生活と
マイソール・アシュタンガの広まり

彼が1937年6月、サヴィトランマと恋愛結婚をしたが(より伝統的に受け入れられている「見合い結婚」とは正反対の結婚である)、その時も、数ルピーをポケットに入れてマイソールにやってきた時と同じ自信があふれていた。彼女は学者一族の出身で、祖父はサンスクリット語と哲学の著名な教師であり、カーンチのシャンカラチャーリヤとも縁があった。夫婦は、マンジュー、ラメーシュ、サラスワティの3人の子供を育て、1971年に生まれたサラスワティの息子、シャラートが現在、マイソール・インスティテュートの共同ディレクターをしている。彼は12歳の時からこの有名な祖父に師事している。

1948年、パタビ・ジョイスとサヴィトランマはマイソールにあるラクシュミプーラムに家を購入し、ここにアシュタンガ・ヨガ・リサーチ・インスティテュートを創設した。1956年、彼はサンスクリット・カレッジで教授の地位に就いた。数年後「ヨガ・マーラー」(“Yoga Mala”、ヨガの花輪の意。それぞれのヴィンヤーサがロザリオの一連の数珠のようであることから)を執筆、出版した。ヴィンヤーサの訓練を通じてエネルギーと呼吸に集中することで、ついにはアシュタンガ(八支則)の道に沿ってセルフ・リアリゼーションのゴールに向かって進化することができる。

彼はベルギー人のアンドレ・ファン・リゼベトを指導し、1964年以降、西洋で名が知られるようになった。ファン・リゼベトは彼のインスティテュートで2ヵ月間、プライマリとインターミディエイトのシリーズを学んで、後にプラーナーヤーマの本を出版し、その中でジョイスについて言及している。これが恐らく西洋人の生徒がヨガの勉強のためにマイソールに流れ込んでくるきっかけとなったのだろう。ジョイスの学校は毎年、師から直接学びたいと熱望する何千人もの外国人の生徒を引き寄せている。

1975年、K.パタビ・ジョイスはマンジューに付き添われて、初めてアメリカに渡った。この歴史的な旅から25年の間に、彼のヨガの手法はアメリカ、ヨーロッパ、ロシア、イスラエル、アジア、オーストラリア、ニュージーランドに広まった。彼は、80年前に彼の師から受け継いだ伝統を厳正に守り続けている。

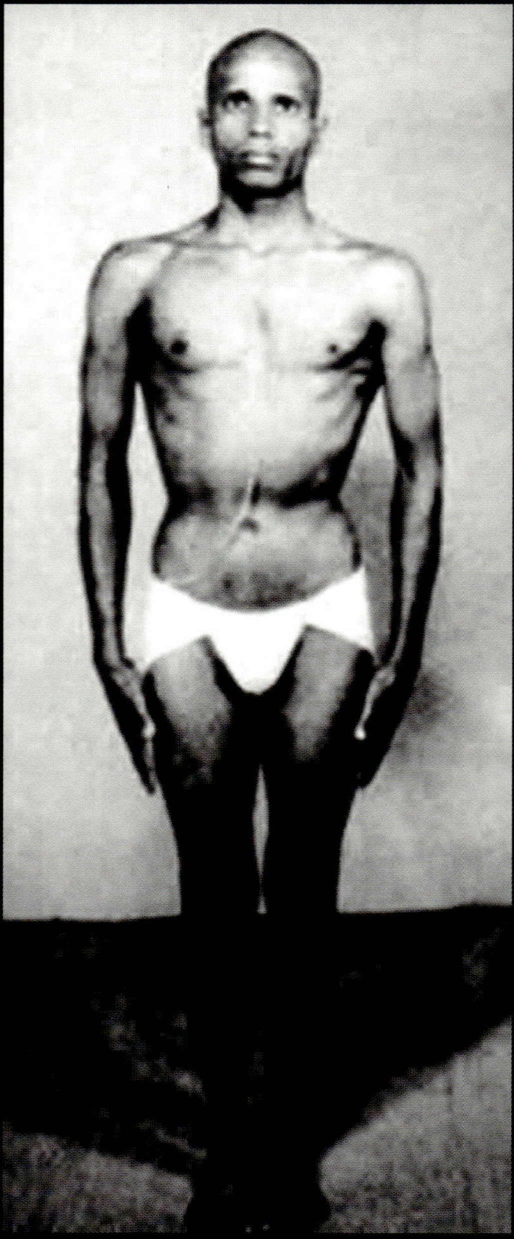

ASHTANGA YOGA RESEARCH INSTITUTE

ティッティバアーサナ（蛍のポーズ）

パタビ・ジョイスのアシュタンガ

クリシュナマチャリヤの指導、自身の正確な観察と細部へのこだわりにより、ジョイスはアシュタンガ・ヨガと呼ばれる特徴的なスタイルを開発した。

一般的な意味では、アシュタンガは単にパタンジャリによってヨーガ・スートラに体系化されたヨガの「8つの手足」を意味する。クリシュナマチャリヤとジョイスのアシュタンガ・ヨガは哲学的にはパタンジャリに忠実でありながら、練習面ではハタ・ヨガのスタイル（すなわちアーサナとプラーナーヤーマ）を並外れて精密なレベルまで高めた。現代のヨガ修行者が一般にアシュタンガ・ヨガ、アシュタンガ・ヴィンヤーサ、マイソール・アシュタンガと呼ぶのは、このスタイルである。

元となったシステムは、クリシュナマチャリヤが彼のグル、ラマモハナ・ブラフマチャリから受け継いだ、ヴァマナ・リシのヨガ・コルンタ（もしくはヨガ・クルンタ）と呼ばれる文献からきているとされる。ジョイスは、ヴィンヤーサの練習の詳細をこの古代の文献とクリシュナマチャリヤの指導からまとめただけでなく、ハタ・ヨガ・プラディーピカ、ヨーガ・スートラ、バガヴァッド・ギータのような広く認められている他のヨガ文学によってそれを補強した。

聖仙、ヴァマナ・リシ

アシュタンガの手法に沿ってアーサナのシークエンスを正確に実施するために、実践者はヴィンヤーサとトリスターナの双方を用いなければならない。

特定のアーサナのシリーズにおけるそれぞれの動きには、定められた呼吸のパターンがあり、ヴィンヤーサは呼吸と動きの調和された流れを表す。1つのシリーズは特定の順番で配列されたいくつかのヴィンヤーサからなる。例えばスーリヤ・ナマスカーラは、息を吸いつつ腕を頭の上に挙げる動作（ウルダヴァ・ヴリカアーサナ）から始まり、息を吐きながらかがむ動き（ウッターナアーサナ）へと流れる。スーリヤ・ナマスカーラには9つのヴィンヤーサがある。

ジョイスの説明によると、ヴィンヤーサは体を内側からきれいにするという。呼吸と動きの調和を通じて体が温められると、血流がよくなって、詰りが解消して、関節がなめらかに動くようになり、体内の毒素が浄化される。コントロールされた運動から自然に出る汗は、解毒に重要な要素であり、結果として体が軽くなり、健康で強くなる。

5つの鞘、すなわちコーシャについての古代の体系による自然な進展では、粗大身（肉体、アンナマヤ・コーシャ）を浄化してのみ、神経系と感覚器官（プラーナマヤ・コーシャとマノマヤ・コーシャ）の微細な領域にアプローチできる。体がアシュタンガの道の次の段階に進めるよう磨かれるのはヴィンヤーサ・ヨガの修練（サーダナ）を通じてのことである。

トリスターナとは、3つ（トリ）の場所（スターナ）、それぞれの動きの中で守られるべき3つの側面のことである。それはポーズ（アーサナ）、呼吸法、視点（ドリスティ）である。この3つ全てを忠実に守れば、体、神経系、心を浄化して安定させられると言われており、したがって3つ一緒に行えば最も効果的である。

アーサナ：ポーズは体を強化し、しなやかさを増すように作られている。アシュタンガ・ヨガでは6つのセット（シリーズ）にグループ分けされており、常にスーリヤ・ナマスカーラのような開始のシークエンスを最初に行う。最初のシリーズ、プライマリ・シリーズ（ヨガ・チキトサ）は、体を解毒し、ヨガのために整えるもので、最も難しいとされている。インターミディエイト・シリーズ（ナディ・ショダナ）は神経系を浄化する。アドバンス・シリーズ（スティラ・バガ）はさらに4つに分かれており、力を優美な動きと統合する。

1つの段階をマスターしなければ、次の段階に進むことはできない。それぞれの段階の各ポーズは次のポーズに向けた準備となっている。フィニッシング・シークエンスは逆転のシリーズである。インスティテュートでのマイソール・スタイルの教え方は、指導された自主練習であり、各生徒が自分のペースで動いて練習するものである。

ナタラージャ・アーサナ
（舞踏家の王のポーズ）

呼吸：アシュタンガにおける呼吸のテクニックは、ウジャイ（勝利）と呼ばれる。間隔の一定した音を伴うこの呼吸は練習の間中、安定して行わなければならない。プーラカ（吸気）とレーチャカ（呼気）は同じ長さとする。この呼吸法は内部の炎をかきたて、体の熱を増幅し、神経系の不純物を燃やし去る。アシュタンガの練習において、このコンセプトは不可欠なもので、実践者の呼吸が短かったり、同調していなければ、もはやヨガだとはみなされない。

バンダ：（鍵をかけること、封すること）ウジャイ呼吸の技術の基本的要素である。バンダの目的は、プラーナの（微細な）エネルギーを内面の修練となるように適切に導くことである。バンダはプラーナのエネルギーが散逸してしまうことを防ぎ、必要なナディ（経路）に導く。ムーラ・バンダ（骨盤のロック）は根元でプラーナを内側に封じ込め、ウッディヤーナ・バンダ（下腹部のロック）はエネルギーを上に向かわせて、チャクラ（エネルギーの合流点）を活性化する。ジャーランダラ・バンダ（顎のロック）は、多くのアーサナでドリスティによって自然に繊細な形で表れる。バンダを用いなければ、呼吸は効果的にコントロールできず、ポーズが期待した結果を生まない。

ドリスティ：トリスターナの3つ目の側面で、ポーズの間、実践者が見つめなければならない焦点のことである。鼻、眉間、へそ、親指、手、足、上、右、左の9つのドリスティがある。ドリスティはアーサナの間、心の動きをしずめて、集中し続けることを可能にする。アーサナを行う際、心が吸気、呼気、ドリスティを注視すると、深い集中と瞑想の流れの状態に至ることができる。これが、ダーラナ（集中）とディヤーナ（瞑想）の訓練のしっかりした土台となる。

アシュタンガ・ヨガの身体的な要求度が高いことに疑いはないが、ジョイスは内面の浄化にも注目していた。彼は、内面の我をぼかす「6つの毒」について言及している。それはすなわち、カーマ（欲望）、クローダ（怒り）、モーハ（幻惑）、ローバ（貪欲）、マダ（怠惰）、マートサリヤ（羨望）である。持続的に専念されたヨガの修練は、こうした心の不浄を破壊し、内なる光を出現させることができる。このようなヨギは霊的なテジャス（後光）を得る。

これらのゴールを達成するための、彼の教えの基本と首尾一貫したメッセージは「練習、練習、練習」だった。彼は高い水準を維持するために妥協を許さなかったが、いつも晴れやかな笑顔で訓戒を和らげるのだった。

K.パタビ・ジョイスが教えたアシュタンガ・ヨガは、単なる難しいポーズの連続ではない。神の恵みある境地に到達するための中心的な思想である「チッタ・ヴリッティ・ニローダー」（心の作用を止滅すること）や、サーダナ（修練）、タパス（努力によって不浄を燃やし去ること）など、パタンジャリや他のスピリチュアルな先駆者の中心的コンセプトを含むものなのである。

ウルドヴァ・クックタアーサナ

“The intelligence is brought to
observe
moment to moment”

知性とは、それぞれの瞬間を観察するためにもたらされる

パリヴリッタ・トリコナ(回転した三角形のポーズ)

7

B.K.S.アイアンガー

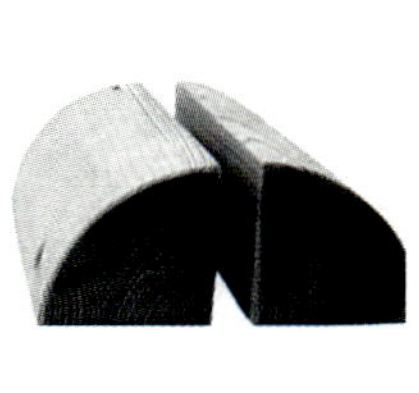

アーサナとセラピーの師

アイアンガー・ヨガの創設者は、インド、海外の双方で現代ヨガ世界の巨匠と呼ばれている。ベルール・クリシュナマチャール・スンダララージャ・アイアンガーは、60年代半ばから現在まで続く西洋世界でのヨガ文化の広がりの主な立役者であろう。彼は、間違いなく生きたヨガの伝説である。

アイアンガー・ヨガと呼ばれる彼の独自のスタイルは、その手法の指導と指導者の養成・認証の双方を行う複数のセンターを世界中に創設することを促した。マハーラシュトラ州プネのラママニ・アイアンガー・ヨガ・インスティテュートは、アイアンガー・ヨガの中心的な存在であり、ヨガの研究、セラピーのクラス、印刷媒体、マルチメディアを通じた出版による資金集め、補助道具の販売、慈善活動など多岐にわたる活動をコーディネートしている。

若年期

B.K.S.アイアンガーは、1918年12月14日にクリシュナマチャール・アイアンガーとシェシャンマ夫人の第13子として現在のカルナタカ州ベルールに生まれた。教師をしていた父は、アイアンガーがわずか9歳の時に亡くなった。インフルエンザの大流行の最中に誕生し、苦難の人生に乗り出した彼の少年時代は、慢性的な栄養不良、マラリア、チフス、結核などの度重なる病に悩まされてばかりだった。医師たちは長くは生きられないと予言していたが、彼は学校に通うことができ、そこで英語を習った。それは将来、彼を仕事で大いに助けることとなる。

父の死後、アイアンガーは兄弟の1人と一緒に暮らすためにバンガロールに送られた。1934年3月、彼が15〜16歳の時、姉ナマギリヤンマの夫で著名なヨガ指導者、ティルマライ・クリシュナマチャリヤと出会った。クリシュナマチャリヤは、ヨガの出張講義に出かけるので、留守中マイソールで姉と過ごすよう義弟に頼んだのだ。アイアンガーはそれを承諾したが、この決断が人生の進路を変えるものになろうとは夢にも思っていなかった。

ヨガとの出会い

出張から戻ったクリシュナマチャリヤは、健康を回復するために彼のもとでヨガを習いながらマイソール高校に通うことをアイアンガーに勧め、アイアンガーも同意した。彼はヨガの訓練の傍ら、姉の家事を手伝った。しかし、そう気楽な生活ではなかった。クリシュナマチャリヤは要求度の高い、厳しい指導者であり、当初アイアンガーの能力については評価していなかったのだ。しかし、アイアンガー自身は人生で初めて体力がつき健康になったと実感し、より熱心にヨガの練習に励み始めた。

彼はヨガシャラにおいて先生のお気に入りの生徒ではなかったが、ある日、運命のいたずらにより、先生の前で実力を示す機会が巡ってきた。先生のお気に入りで、講義でいつも実演者に選ばれていたケシャヴァムルティが、マイソール王宮のヨガシャラでクリシュナマチャリヤが来客のために大事な実演講義を行う数日前に逃げ出してしまったのだ。クリシュナマチャリヤは、勤勉な義弟を代役として選ぶよりほかになかったが、アイアンガーが彼を失望させることはなかった。驚くほど短い間に、彼はものすごい集中でシリーズ中の最重要である上級のアーサナを習得した。講義での彼の実演は、実に才気あふれるもので、以降グルの様々な国内での出張講義に付き添うようになった。クリシュナマチャリヤはなお厳しい指導者であったが、より上級の難しいポーズの指導も行うようになった。その指導のもと、アイアンガーは急速に進歩し、ヨガシャラで先生を補佐するようにもなった。

ヨガシャラでのアイアンガーの地位は向上したものの、先生との関係はそれほど好転しなかった。

マイソールのマハラジャ

十代のアチャリヤ

1936年、後援者の依頼によりカルナタカ北部で実演講義を行ったクリシュナマチャリヤにアイアンガーは同行した。終了後、女性の参加者が、継続的な指導について問い合わせた。しかし、当時の慣習のためだったのか、彼女たちはクリシュナマチャリヤのような年配の男性指導者から指導を受けるのは乗り気ではなかった。純正統派だったクリシュナマチャリヤとしても、女性の指導は気が進まなかったに違いない。また、マイソールのヨガシャラの仕事を人に任せるのも嫌だったのだろう。理由はともかく、この仕事は結局、当時18歳だったアイアンガーに委ねられることになり、こうしてヨガ指導の職をスタートしたのだった。

これが、様々な出来事に満ち、半世紀近く続いたアイアンガーのヨガ指導者としての経歴の始まりである。1984年に、毎日ヨガを教えることからは正式に退いたが、今日も彼は指導者向けのクラスを持ったり、特別な行事を執り行ったりしている。

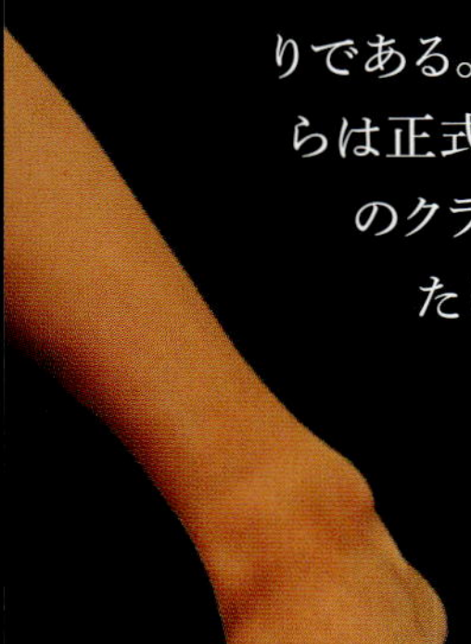

プネへの移住

マイソールのマハラジャの惜しみない支援のお陰で、マイソールのヨガシャラと指導者のクリシュナマチャリヤの評判は国中に広まった。マハラシュトラのプネにある名門デカン・ジムカーナ・クラブがヨガ・クラスの指導者派遣をマイソールの学校に依頼してきたのは1937年のことだった。6ヵ月契約の仕事だった。

デカン・ジムカーナ・クラブといえば、当時のインドで最も格式高いスポーツクラブの1つで、国内外のスポーツ選手に加えて、紳士録に載るような実業界、社交界の名士が集う場所であった。クリシュナマチャリヤは喜んで依頼を受け入れ、若々しい（そしてこの仕事に重要なことに、英語が話せる）アイアンガーを選んでプネに派遣した。

アイアンガーはマイソールの学校の束縛とグルの厳格さから逃れることができて嬉しかった反面、半人前の指導者である限界も意識していた。しかし、この機会に独立して生活する決意を固めた。まだ十代である上に見知らぬ町で支援してくれる親類縁者もお金も仕事の経験もなく、頼れるものが不十分な正規の学校教育と乏しい英語しかないとなれば、誰にとっても大変な状況だったであろう。さらに追い討ちをかけるように、デカン・ジムカーナ・クラブの名誉ある彼の生徒の多くは名声あるスポーツ選手で、素早くポーズを習得できる天賦の身体的な勘を持ち合わせており、しばしば彼よりもうまくできた上に、彼の不十分な英語まで直してくれた。またもう1つのジレンマは、アーサナができるようになるよう生徒を教えるための体系的な手法をクリシュナマチャリヤから教わってないことだった。プネでは、言葉を改善するだけでなく、より上手く教えるための指導の技術を編み出し、発展させる必要性があることを感じた。

非凡な意志を持つ人というのは、障害に出くわすと一層の努力に駆り立てられるものである。アイアンガーは、ヨガを教える技術を習得することを決意したが、彼の師とはそれほど近しくなく、本から抜粋したまた聞きの理論に頼りたくもない。彼は、アイアンガー・ヨガの大きな特徴となる手法を思い付いた。

全ての知識は直接の経験から導き出され、彼自身の体がこれらの手法を発見するための道具となった。長時間のセッションを根気強く練習し、通常の練習では注意深く観察しない、肌、血流、内臓までも含むあらゆる体の部分に対するアーサナの効果を意識し、集中した。試行錯誤により彼はそれぞれのポーズを行う技術を完成させ、苦労の末、各アーサナとそのバリエーションの持つ微細な効果についての膨大な知識を得た。各ポーズのプロセスを明確で安全なステップに分解して効能を見極めることもできた。また様々な小道具も考案した。どこにでもある材料から開発されたもので、怪我の危険性を減らしつつ、ポーズを作り、維持する手助けをするものである。

したがってアイアンガー・ヨガは、彼がまだ十代の時にデカン・ジムカーナのヨガ・クラスで構築されたものである。当初6ヵ月間の契約でやってきたプネだったが、アイアンガーの生涯の住処となった。

自らの経験的知識と分析的理解から得られた確かな土台をもって生徒に接し始めると、指導方法も進歩した。彼の指導はその中身、妥当性、明瞭さにおいて改善した。効果的なヨガの指導者としての評判が高まり、生徒の間で人気も出たため、デカン・ジムカーナは契約を3年更新した。

彼はまた、乏しい収入を増やすために、プネの別の施設でもクラスを教え始めた。1940年には、ボンベイのブラバーイー記念会館で週末のクラスを持ち始めた。列車で片道6時間の大変な道のりだったが、彼の将来にとっては賢明な決断だったことが後に証明される。

アイアンガー・ヨガ

『オックスフォード英語辞典』には現在、アイアンガー・ヨガの定義が掲載されている。「ハタ・ヨガの一種で、体の正しい姿勢に焦点を当て、紐、木製ブロックなどの補助道具を正しい姿勢をとるために使用する。この手法を考案したインドのヨガ指導者、B.K.S.アイアンガーの名が語源」

ティルマライ・クリシュナマチャリヤは出家者のものであったヨガを在家者のもとに持ち込んだが、B.K.S.アイアンガーはさらに一歩進めて、ハタ・ヨガの訓練を普通の人が親しめるようにした。アイアンガー・ヨガはあらゆる年代の人、あらゆる条件を持つ人、あらゆる階層の人が取り組めるものである。生まれ持った能力、才能、始める年齢に関わらずできるように、段階的・体系的な、また安全かつ明確な詳細にわたる各アーサナの指導法を考案した。彼の方法は徹底的な練習、観察、分析によって開発されたため、その正確性、整合性は他の流派に類を見ない。アイアンガー・ヨガは、その手法を編み出したのと同じ練習と検証を通じて、知識を生徒に伝えている。

アイアンガーは、プネとボンベイの生徒の多くが身体能力ではるかにヨガシャラの生徒に劣ることに気づき、それぞれの特定のニーズに合わせてアーサナを見直して改造した。クリシュナマチャリヤの伝統を受け継いだアイアンガーもまた、革新的であった。彼は、体の硬い生徒や高齢の生徒、またその他の制限がある生徒のために、どこの家にでも普通にあるような日常的な物を補助具、小道具として利用した。椅子、ベンチ、壁、紐、毛布、枕、木製のブロックなども小道具となった。適当な物がなければ、地元の大工に頼んで彼の設計、寸法通りに独自の小道具を作ってもらった。目的は、身体的・精神的な健康の改善のために、全ての生徒がヨガのセラピー効果を最大限得られるよう、小道具の力を借りて最適なポーズがとれるようにすることだった。

アイアンガーは、ヨガの精神面での修練も見失わなかった。パタンジャリのヨーガ・スートラについて、スートラの意味は、規則的で熱心なアーサナの練習により探求されるものだと、彼らしい実際的な解釈をしている。著書の中では、ヨガの八支則の統合について説明している。

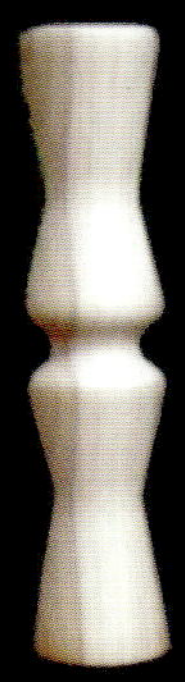

アイアンガーとヨガ・セラピー

ヨガの治癒力を個人的に経験したアイアンガーは、この治癒の知識は社会の幸福と安寧のために不可欠だと深く信じていた。人体に関する彼の広い理解とアーサナ・セラピーに対する体の反応から、彼は様々な病気に対する特定の治療的練習プログラムを考案した。彼は何千人もの人の実に様々な病気を解消するのに成功している。彼の著作『ライト・オン・ヨガ』（“Light on Yoga”邦題『ハタヨガの真髄』）、『ヨガ：ホリスティックな健康への道』（“Yoga：The Path to Holistic Health”）は、多くの章をヨガ・セラピーのために割き、それぞれの病気のための特定のアーサナのシークエンスを載せている。

ヨガ・セラピーについて彼は「ヨガ・セラピーの4つの柱は、医師、薬、付き添い、患者である。ヨガの世界の見方では、聖人パタンジャリが医師、アーサナが薬、ヨガ・インストラクターが付き添いで、生徒が患者である。アーサナは患者の病気、肉体的・精神的コンディションに応じて処方される。これは注意深く行われなければならない。…ヨガ・セラピーのプロセスは、体の特定の部分を伸ばしたり、抑制したりするアーサナの選択と組み合わせに基づく。単に特定の症状を治すことではなく、その根本治療を目的とする。」

アイアンガー・ヨガの隆盛

1943年、彼はラマママニと結婚し、彼女は自分の選んだ分野を極めようとする夫を支える完璧なパートナーかつ助言者となった。彼らは5人の娘（ギータ、ヴィニータ、スチタ、スニタ、サヴィタ）と1人の息子、プラシャントに恵まれた。夫婦は当初、極貧生活を余儀なくされたが、素晴らしいヨガ指導者であるとの彼の評判は、ゆっくりと、しかし確実に広がり始めた。

独立したばかりのインドは、各国から多くの著名人や元首を招いた。アイアンガーはしばしば、そうした賓客の前で実演をするために招かれた。ラジェンドラ・プラサド大統領、ローマ法王パウロ6世、モハンマド・ハッタ・インドネシア副大統領は、アイアンガーがヨガの実演を見せた人々の一部である。

彼はインドの上流階級の人々や著名な実業家、政治家、スポーツ選手を指導し、その中には、ジッドゥ・クリシュナムルティ、ジャヤプラカーシュ・ナラヤンやボンベイのクラスで教えた有名な心臓外科医、ドクター・ラストム・ジャル・ヴァキルもいた。1952年に有名なヴァイオリニストで指揮者のユーディ・メニューインをアイアンガーに紹介したのはヴァキル夫人であった。巨匠はヨガを習いたがっていた。忙しいメニューインはアイアンガーとの最初の面会にわずか5分しか与えなかったが、結局は3時間半に伸びた。メニューインが疲れすぎてぐっすり眠れないと話したところ、どうやらアイアンガーが数分のうちに眠らせてしまったらしい。メニューインが47年後に亡くなるまで2人は親友だった。アイアンガーの監督の下、メニューインはヨガを続けた。1982年、彼はベルリン・フィルハーモニー管弦楽団のコンサートのオープニングでシルシャ・アーサナ（三点倒立）をして足で指揮をしたと言われている。

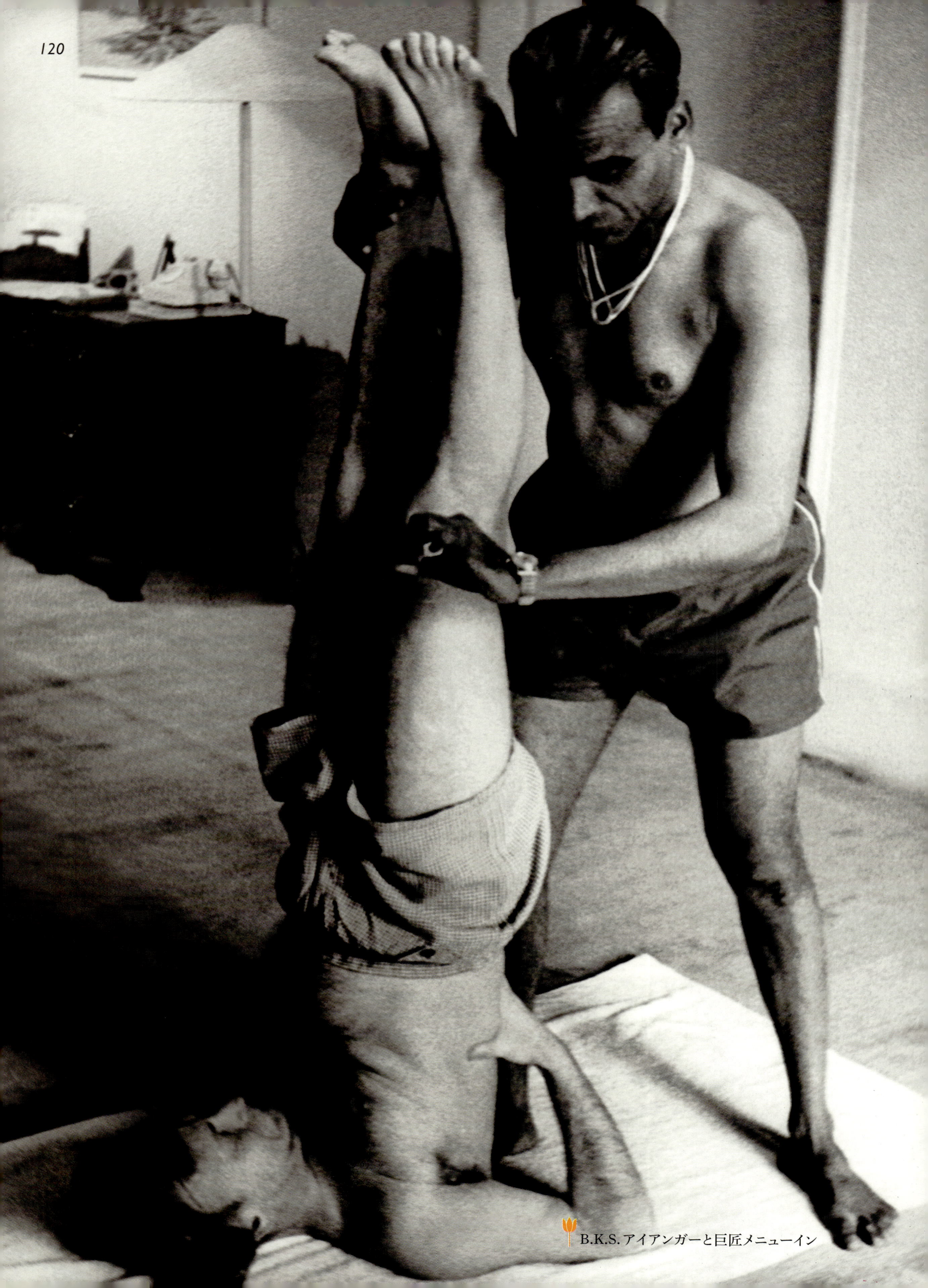

B.K.S.アイアンガーと巨匠メニューイン

メニューインは、アイアンガーを連れてイギリス、フランス、スイスを旅した。それらの地でアイアンガーは、チェリストのジャクリーヌ・デュ・プレなど当時最も有名な人々にヨガを教えた。1958年にはエリザベス女王、ベルギーの皇太后にも謁見した。皇太后はその時およそ85歳であったが、彼女は三点倒立を教えるよう所望した。アイアンガーは彼女の倒立を成功させただけでなく、安全に着地させ、皆をほっとさせた。皇太后はアイアンガーに金時計と自ら彫刻した自刻像をプレゼントし、それらは彼にとって貴重な品となった。

しかしアイアンガーは、お金持ちや有名人だけを指導したわけではなかった。プロの音楽家の怪我や痛みを解消するのに役立った技術は、同様の問題を抱える人、同じような体格の人に応用することができた。アイアンガー・ヨガの癒しのセラピーと身体的、精神的、霊的な恩恵は、万人のためのものである。

一般の人々にアイアンガーの専門的技術が知れ渡ると、イギリスや他の欧州諸国から指導の要請がますます来るようになった。彼の再訪と指導を待ち望む人の数は年々増え続けた。高まる需要に応え、彼が不在の間もクラスを続けられるように、その手法を学んだ指導者を育成・認定し始めた。今日、アイアンガー・ヨガのインストラクターは世界の全ての大陸でクラスを指導している。

遺産

1966年、アイアンガーの最初の本『ライト・オン・ヨガ』が出版された。これは当時も今も世界的なベストセラーで、17言語に翻訳されており、しばしばヨガの「バイブル」と呼ばれる。彼は今日までにヨガ哲学の異なる側面について15冊の本を執筆している。

1975年、彼は亡くなった妻の名を冠したラママニ・アイアンガー・メモリアル・ヨガ・インスティテュートをプネに立ち上げた。1984年以降、クラスを受け持って指導することからは正式に引退したが、インスティテュートの運営を指揮したり、慈善事業を監督したり、特別行事に参加したりすることは続けている。彼の子供たち、ギータとプラシャントは現在彼の伝統を引き継いでヨガの指導者となっており、クラスは人気を博し続けている。

インド政府は2002年、アイアンガーのヨガにおける功績を認め、褒章の1つ、パドマ・ブーシャンを授与した。アイアンガーは恐らくハタ・ヨガを海外に紹介した最も影響力のあるインドの指導者であり、彼の手法に対する人気は時を経るごとに高まる一方である。アイアンガー・ヨガは、ヨガの前途が非常に有望であることを約束するものである。

この遺産を築いた尊敬すべき師は、90歳を過ぎた今もしっかりと自らのヨガの練習を続けている。

ベルギー王妃時代のエリザベート

n personal copy by Fowler&fowler 2007 for English Wikipidia
Imperial Gazetteer Atlas of India. Plate 20.
POLITICAL DIVISIONS
OF THE
INDIAN EMPIRE
English Miles
0 100 200 300 400
T I B E T
Kham
LHASA
Brahmaputra or Tsanpo R.
Shigatse
Chiamdo
Tengri Nor
Manasarowar Lakes
Garhwal
Tehri
Moradabad
Rampur
Bareilly
Shahjahanpur
NEP
UNITED
PROVINCES
Lucknow
Cawnpore
Fyzabad
Gorakhp
Allahabad
Benares
Mirzapur
Rewah
Jhansi
DIA AGENCY
Jubbulpore
Chot
CENTRAL
PROVINCES
NAGPUR
Raipur
Jagdalpur
Bastar
Jeypore
ABAD
Secunderabad
HYDERABAD
Kistna
Masulipatam
Yanaon (Fr.)
MADRAS
Pondicherry (Fr.)
Cuddalore
Karikal (Fr.)
Negapatam
Pt. Calimere
Palk Str.
Jaffna
Gulf of Manaar
Trincomali
CEYLON
Kandy
COLOMBO
Sadiya
Myitkyina
Bhamo
UPPER
BURMA
N. Shan States
Mandalay
Southern
Shan States
R. Salween
R. Irrawaddy
Prome
Karenni
LOWER
BURMA
RANGOON
Bassein
Moulmein
Gulf of Martaban
Tavoy
Mergui
Archipelago
Andaman
Islands
Port Blair
Little Andaman
Ten Degree Channel
Nicobar
Islands
Great Nicobar
Longitude East 88 from Greenwich
80 84 88 92 96 100
32 28 24 20 16 12 8
J. G. Bartholomew
B.K.S. IYENGAR
LIGHT ON LIFE
The Yoga Journey to Wholeness, Inner Peace,
and Ultimate Freedom

“The mind exists to set us free”
—*The Heart of Yoga*

心は、私たちを自由にするためにある
—ヨガの心

シュリー・ナータムニ　アシュタンガ・ヨガの実践者

8

T.K.V.デシカチャール

偉大なるものの遺産

ティルマライ・クリシュナマチャリヤ・ヴェーダーンタ・デシカチャールは、伝説的ヨガ指導者ティルマライ・クリシュナマチャリヤの息子にして長年の弟子である。

1938年学者の父と母ナマギリヤンマの第4子として生まれた。1976年、ヨガ関連の研究・出版を行うほか、その学習とセラピーの普及を目指す非営利センター、クリシュナマチャリヤ・ヨガ・マンディラム（KYM）をチェンナイに共同設立した。クリシュナマチャリヤの個々に合わせてスタイルを適応させる伝統の中で、専売権を主張しない、ヨガへのオープンなアプローチを奨励している。

真実の瞬間

ヴィシュヌ派の聖人と学者の家系に生まれながらも、若き日のデシカチャールは古典の学習やヨガには興味がなかった。十代の頃は、父がどんなにアーサナを教えようと努力しても、勝手に逃げてしまっていた。20世紀半ば、世界は近代教育と科学に夢中で、デシカチャールもインドの若者としてその例外ではなく、土木工学を大学で学んでいた。

1961年、彼の人生の方向を変える出来事が起きた。デリーでヨーロッパ企業の専門職につく前に、チェンナイの両親のもとを訪れていたデシカチャールは、ある早朝、クリシュナマチャリヤの患者であった中年の西洋人女性の来訪に驚かされた。彼女からあふれ出る父への感謝の念に興味を抱いた彼は、女性が帰った後で、彼女の高揚ぶりの理由を父に尋ねた。クリシュナマチャリヤは、女性が不眠症のためのヨガ・セラピーを受けていて、昨晩、この20年で初めて薬に頼らずに何とか眠りにつくことができたことを説明した。

ヨガの潜在力と父の非凡な専門技能の双方が、デシカチャールにとり驚くべき新たな発見だった。誰でもエンジニアにはなれるが、治る望みのない苦痛に苛まれる人を手助けできる父のような人は、ごく稀にしかいない、ということを悟ったのはその時だったという。また、信条に関係なく全ての人を助けることができる癒しの伝統的な知恵がインドには豊富にあるということにも初めて気づいた。その日、彼は父の弟子になろうと決めた。

しかし、ヨガの専門知識が得られるパスポートは自動的にもらえる訳ではなかった。息子の新しい興味を疑わしく思ったクリシュナマチャリヤは、エンジニアの仕事を続けるように勧めた。デシカチャールは諦めなかった。デリーの栄誉ある仕事を断り、地元で職を見つけて父にヨガのレッスンを懇願し続けた。クリシュナマチャリヤは教えることをついに承諾したが、息子の決意を試すため、レッスンは毎朝3時半に始まった。デシカチャールは父が定めた全ての厳しい条件にしたがったが、ただ1つだけ、神や宗教に言及しないでほしいと求めた。クリシュナマチャリヤはそれを了承し、息子を教えた。この新たな師弟関係は父が亡くなるまで、30年近く続くことになった。

デシカチャールが訓練を始めた頃、クリシュナマチャリヤの驚くほど長い指導歴は、すでにその後半に入っていた。何十年もの間、検証され、磨かれ、応用されてきた手法は決して停滞することはなく、それぞれの生徒のニーズに合わせてコンスタントに調整された。彼は「ヨガは、人に合わせて作らなければならない」とよく指摘したものだった。

デシカチャールが指導を受けるようになるまでに、クリシュナマチャリヤはヨガの哲学を比類ないレベルまで洗練し、スピリチュアルな側面を一層強調した。彼は、それぞれのアーサナは、内面で自らを神に委ねるように導く献身的行為であるべきだと感じていた。デシカチャールによると、彼の父は呼吸のサイクルについてこう表現していた。「息を吸えば、神が近づいてくる。吸った息を止めれば、神は自らに留まる。吐き出せば、自分が神に近づいて行く。吐き出したまま止めれば、神に自らを委ねる」

晩年、クリシュナマチャリヤはヨガにヴェーダの誦読を組み合わせ、つぶやく詩節の数にそれぞれのポーズの長さを調節した。これにより、生徒は体、心、呼吸をポーズに合わせ、瞑想の土台を作ることができる。

バッダ・コーナ・アーサナ（合蹠のポーズ）

デシカチャールが有神論的な側面を含めた父のヨガ哲学を全面的に信奉できるようになるまでに、それほど時間はかからなかった。彼は父からヨガを習う際、ヴェーダの誦読も学び始めた。ヴェーダの誦読は現在KYMでアーサナとプラーナーヤーマと共に教えている。しかし、異なるバックグラウンドや信仰を持つ生徒の感情に配慮するため、神を「我々より偉大な力」とだけ表現し、ユニバーサルな精神でヨガを教えている。

彼は一時期、このヨガをヴィニヨガと呼んでいたが、KYMはヨガ一般のホリスティックで幅広い見方を支持しており、不必要な名だとして使用を止めている。

1976年、デシカチャールは父のヨガの教えを保持する目的で、チェンナイにクリシュナマチャリヤ・ヨガ・マンディラム（KYM）を非営利団体として共同設立した。KYMのヨガの定義は、ヨガのブランド化や「クローン」のようにただコピーするような練習を退ける一方で、ヨガが万人に応用できること、単なるアーサナやフィットネスを超えた治療的・ホリスティックな性質を持つこと、個人的な指導の重要性を強調している。さらに、ヨガを教えることは、個人的な自尊心や栄誉を高めるため、また個人が独占するためのものではなく、奉仕であると主張している。KYMは、指導者のトレーニング、個人教授、ヨガ哲学やヴェーダ誦読のクラス、経済的に余裕のない人、障害者、ストリートチルドレンのためのプロジェクトを行っている。

次の世代

2006年、デシカチャールと息子のカウストゥブはヨガの総体的な指導を普及させるために、クリシュナマチャリヤ・ヒーリング・ヨガ財団（KHYF）を設立した。同団体では、オールタナティブな治療方法を広めるために、ヨガ・セラピーのカリキュラム開発、トレーニング、継続的な評価、ヨガ指導者とセラピストの世界的なネットワーク作りを行っている。

KYMはヨガとヴェーダの誦読に関する本やCDを発刊している。デシカチャールは、評価の高い自著『ヨガの心：個人練習の開発』（“The Heart of Yoga : Developing A Personal Practice”）で、「肉体的、精神的、霊的なあらゆるレベルにおいて中心となるプログラム」と表現される、父の教えと自らの実際的アプローチを相乗的に交えた形を提示している。彼はアーサナ、プラーナーヤーマ、瞑想、霊性を調和させ、いかに生徒1人1人が個人のニーズに合わせた練習メニューを作成する必要があるかを説明している。

ヴェーダヴァニはKYMの部門の1つで、ヴェーダの誦読を教えており、何世紀もの歴史を持つ口承の伝統を保存することに力を入れている。

プリトゥヴィ・ムドラー

T.K.V.デシカチャールは、インドと海外での定期的な指導を続けている。彼は父のメッセージを伝える活動を精力的に続けており、個々の生徒のニーズに合わせて改良を加えながらも、父の教えを純粋な形で維持する努力を行っている。また、雑誌や新聞にヨガ関連の健康、セラピー、哲学の記事を寄稿しているほか、彼の団体を代表してヨガの国際会議に出席している。

彼が約50ドルの資金で30年前に始めたKYMは、師の遺産に生きた貢献をする団体へと成長した。

adidas

スーリヤ・ナマスカーラ—(太陽礼拝)

クリシュナマチャリヤ—デシカチャールの父

"Yoga is for everybody"

ヨガはみんなのもの

9

ビクラム・チョードリー

ホット・ヨガの指導者

1946年にインドのカルカッタで生まれたビクラム・チョードリーは、少年時代にヨガを始めた。彼は僧院のヨギ、パラマハンサ・ヨガナンダ（自伝『あるヨギの自叙伝』の著者で、セルフ・リアリゼーション・フェローシップの創設者）の弟、ビシュヌ・チャラン・ゴーシュのもとで練習した。ビシュヌ・ゴーシュは当時、有名なフィットネスの専門家で、カルカッタにあった彼の体育カレッジでヨガを教えていた。

ビクラムは勤勉な、才能ある弟子であり、ビシュヌ・ゴーシュの指導のもと、ヨガの専門知識を習得するために数年間努力した。13歳の時、全インドヨガ選手権で優勝し、全インド・ヨガ・チャンピオンのタイトルを事故で大怪我をするまで3年連続で保持した。

ヨガによる治療

ビクラム・チョードリーは徹底的なヨガの練習だけでなく、ウェイトリフティングとボディビルも練習していた。17歳の時、ウェイトリフティングでの事故で、膝に大怪我を負ってしまった。とても深刻な怪我で、高名な医師たちも普通に歩くことは二度とできないと思ったほどだった。

しかし、彼は悲惨な宣告を受け入れるような性格ではなかった。治すことを決意し、絶大な信頼をおくヨガのグルの学校へ戻った。6ヵ月のヨガ・セラピーによるリハビリの後、ビクラム・チョードリーは、完全に歩けるようになり、ヨガの持つセラピーの力を深く確信した。

メンターの指示のもと、ビクラム・チョードリーはインドにいくつかのヨガ・スクールを設立し、大きな成功を納めた。グルの要望により、彼は日本でも2つの学校を立ち上げた。これらの学校で、アーサナのシークエンスを洗練し、指導法に磨きをかけることができた。彼は後にこれらの手法を地球の裏側で広めることになる。

STRETCHING THE LIMITS

ATP PLAYERS ARE STARTING TO MAKE YOGA A CENTRAL PART OF THEIR FITNESS ROUTINES

CONSIDER WHAT TODAY'S ATP PLAYERS face. The physical demands of the power game. The mental pressures of competition. The never-ending tour schedules. How do these guys spell relief?

Would you believe Y-O-G-A?

Leander Paes, Max Mirnyi, Alex O'Brien, and Jeff Tarango, players noted for their quickness on court, have all incorporated yoga into their training programs. In 1997, the year Greg Rusedski reached the U.S. Open final, his coach at the time, Brian Teacher, had him following a daily 30-minute yoga routine. Dean Goldfine, Todd Martin's coach, recently introduced his player to yoga.

"Yoga has helped me with my flexibility," says Tarango. "Now I'm much more aware of where my body is strong and where it's weak."

For Paes, the mental aspect of yoga is just as important as the physical. "The main thing I find," he says, "is that yoga gives me peace of mind and helps me stay calm in every kind of situation."

Most tennis pros practice what's called Bikram's Yoga, which is named after Bikram Choudhury, the Calcutta-born, Los Angeles-based yoga therapist who has developed a series of 26 postures. Choudhury, 55, claims to have extended John McEnroe's career by getting the notoriously stiff Davis Cup captain to practice yoga regularly. John and his brother Patrick are now both avid yogis.

Bikram's classes are conducted in a 100-degree room. The heat makes muscles more pliable and also teaches students to conserve energy by keeping their minds quiet and their bodies moving efficiently. Bikram's Yoga enhances the strength, flexibility, and balance of its practitioners. The combination, Choudhury says, is "essential in reducing the negative aspects of stress, illness, injury, and aging on the body."

Choudhury, the pros' guru, with wife Rajashree

Says Goldfine, "Yoga really helps men and women who are a little more muscle-bound to keep themselves flexible." Maybe that's why Serena Williams is interested in taking a yoga class. "It's not for the spiritual aspect of it," insists Williams, "but for the great stretching, breathing, and relaxation it offers." —*Dan Markowitz*

アルダ・マツィエンドラ・アーサナー(ねじりのポーズ)

渡米

ビクラム・チョードリーは、70年代初期にアメリカへ行く機会を得た。1974年、ロサンゼルスにインド・ヨガ・カレッジを設立、今でもここが彼のヨガ帝国の核であり、ここで教え続けている。同地に30年以上居住する間、自分で開発し、自身の名をとったヨガのスタイル「ビクラムヨガ」は、爆発的な人気を集めた。

フランチャイズは以来広がり続け、全ての大陸の何百ものヨガ・スタジオを傘下に収めるようになった。北米、ヨーロッパ、日本には、特に多くの生徒がいる。ビクラムヨガは現在、インド・ヨガ・カレッジでビクラム・チョードリー自身に訓練された認定指導員により教えられている。

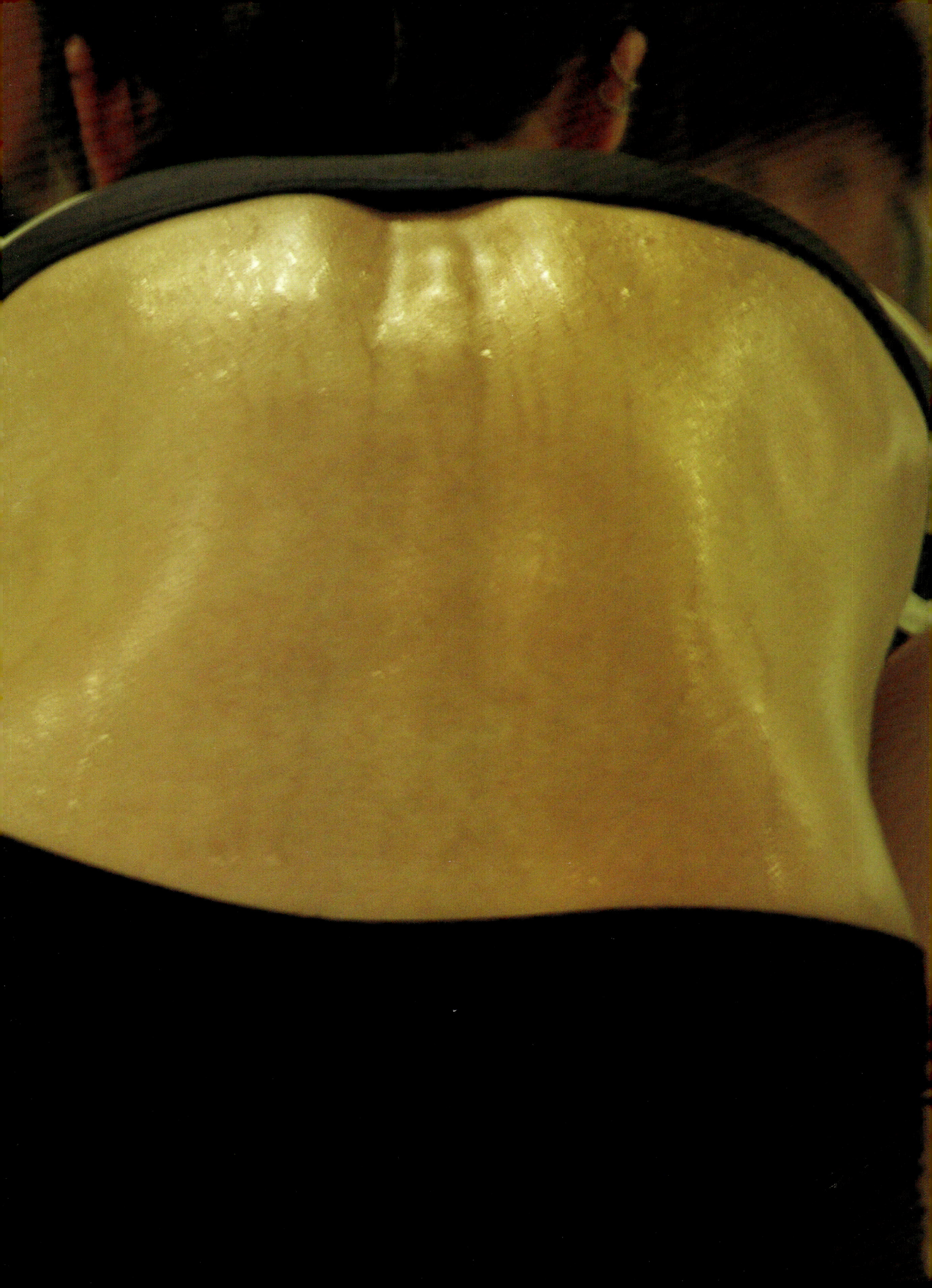

ビクラムヨガ

ビクラムヨガはビクラム・チョードリーにより開発され、広められたヨガの手法の名前である。プラーナーヤーマの練習とともに26のアーサナ（ポーズ）の決まったシークエンスからなる。このシークエンスはセットになっており、変えられることはない。そしてユニークな特徴は、華氏90～100度（摂氏32～38度）に暖められた部屋で行われる点である。

この暑さは、新しい生徒にとっては堪え難い試練であるが、筋肉と靭帯が伸びやすくなって怪我をしにくくなると同時に、柔軟性と伸展を増すことができるという利点がある。また、暑さは発汗も促し、体内から不浄なものを排出する。

ビクラム・チョードリーは、この特別な一連のアーサナが体系的に体を癒し、酸素を取り込んで、毒素を浄化するため、体力と柔軟性があり、バランスのとれた最適な健康を取り戻すことができると提唱している。

シークエンスは2度繰り返され、セッションは通しで90分を要する。ポーズは決められた順序に沿い決められた長さで進められ、筋肉、関節、腱を伸ばして強化し、内分泌系、神経系などの体内の器官に働きかける。

ダヌラアーサナ(弓のポーズ)

30,000 attend Bikram Choudhury's yoga expo

A CORRESPONDENT

A four-day Yoga Expo at the Los Angeles Convention Center, California, celebrated, through seminars, workshops and demonstrations, the emergence of yoga as a widely recognized health and wellness phenomenon.

The exposition was a fulfillment of the desire of Bikram Choudhury, a Los Angeles-based Hatha Yoga master and founder of the Bikram's Yoga College of India, to find a way to honor the 100th birth anniversary of his guru Bishnu Charan Ghosh, one of the most influential yoga masters of the 20th century.

• CALIFORNIA •

Over 30,000 people attended the event that offered over 400 exhibits, yoga demonstrations, children's yoga, all-day musical entertainment, a daily fashion show, natural food from around the globe and the world's largest yoga class with over 2,000 participants.

There are an estimated 20 million yoga practitioners in the US.

"Although the US is the most prosperous country, people turn to medicine, instead of seeking alternative methods, to reduce stress.

"Yoga can keep your body healthy, while it clears the mind and calms the spirit — the time is right for a show that puts yoga in the spotlight," Choudhury, creator and executive producer, Yoga Expo, said.

"By including all forms of yoga, we want people to understand the universal power of healing it offers."

Appearances by stars of self-realization such as Deepak Chopra and Amrit Desai were augmented by authorities in health and fitness, mind-body disciplines and medicine, giving the expo an 'East meets West' flavor.

■ Yoga exponent Bikram Choudhury and wife Rajashree present the yoga competition trophy to Lesli Christensen (center)

The expo hosted the finals of the International Yoga Championship for the Ghosh Cup 2003 — the first time the event was held outside India.

Lesli Christensen, 27, San Diego, California, won the grand prize ($5,000 and a two-week trip to any city of her choice).

The expo not only presented many types of Hatha Yoga, which emphasizes postures and breathing exercises, but also meditative and spiritual practices as well as ayurvedic medicine and related alternative health and wellness disciplines.

Seminars and workshops were held for a breadth of attendees: expert practitioners, beginners, adults and children, expectant mothers, seniors, and health and fitness professionals such as athletic directors, doctors, healers, trainers and physical therapists.

Exhibits illustrated diversity, with a focus on yoga, fitness and health-related products and services. These included everything from meditation mats to yoga apparel, artwork and authentic crafts to Eastern-influenced books and music, organic foods and herbs to yoga centers and therapeutic spas.

KFWB of Southern California, the expo's media sponsor, broadcast live from the floor of the convention center throughout the duration of the expo.

A star-studded opening night gala dinner commemorated Bishnu Ghosh's 100th birthday.

Proceeds from the opening night event went to a program devoted to bringing yoga to schools all over the world. The gala included a tour of the exhibit hall, entertainment and awards presentations.

Choudhury, recognized as one of the most knowledgeable Hatha Yoga teachers, has developed a series of 26 postures and two breathing exercises practiced in a room heated to 105 degrees.

After becoming a multiple Indian National Yoga champion, he emigrated to the US and, in 1970, founded the **Yoga College of India**, which has grown into the world's largest yoga training organization with 750 affiliated YCI schools worldwide.

While teaching his method of therapeutic yoga internationally for over 30 years, Choudhury has worked with Western medical professionals to apply the benefits of yoga to regenerate tissue and heal chronic ailments in the modern quest for wellness.

ビバリーヒルズのヨギ

ビクラム・チョードリーのヨガの愛好家の中には、スポーツ界、エンターテインメント界の有名人が数多くいる。彼のヨガの効能と恩恵を証言する人の中には、ハリウッドの映画スター、スポーツ選手、音楽産業の大御所、実業界の大物もいる。彼の指導者としての人気とヨガのスタイルの人気が、数百万ドル規模の前例のないヨガ・スクール・チェーン帝国の成長を築いた。ビクラムヨガの成功により、長いキャリアの中で指導してきた富豪や有名人の列に、自らも名を連ねることとなった。自分で修復したヴィンテージのロールスロイスまでそろった裕福な家とライフスタイルは、アメリカで成功した実業家としての彼を証明するものである。

ビクラムヨガを習慣的に行っている人は、能率が上がり、精神的なバランスがとれ、明晰さが増し、スタミナがつくなど、生活の質が向上すると証言している。インド・ヨガ・カレッジの卒業生の数人は、ヨガの競技会でよい成績を収めている。

Monday, October 11, 2004 METRO 3

This is known as the gold medal position

BY AIDAN RADNEDGE

Ouch: Participants had to hold their poses for 90 seconds

In a twist: A competitor performs a tough move at the European Yoga Championships

Now, that is a supersize meal

METRO FACTFILE

Spiders scare us more than Osama

METRO weather

London Today

South-East and the Home Counties

Britain Today

Europe Today

Today

Tomorrow

Outlook

Around Britain yesterday

Around the World yesterday

bmi

for flights to and from the UK, Europe, USA and soon the Caribbean book at flybmi.com

bmi

ナタラージャ・アーサナ

ウシュトラ・アーサナ
（ラクダのポーズ）

バーラ・アーサナ（子供のポーズ）

ビクラム・チョードリーの妻、ラジャシュリー・チョードリーは、1965年にカルカッタで生まれ、夫と同様に全インド・ヨガ選手権で何度も優勝している。夫妻は、ビバリーヒルズのインド・ヨガ・カレッジで教えるほか、世界中でワークショップを開いている。加えて、ラジャシュリー・チョードリーは、慢性病のためのヨガ・セラピーとマタニティ・ヨガのクラスにも力を入れているほか、深刻な病気を持つ子供たちのためのヨガ・キャンプなど、慈善活動にも時間を割き、専門技術を活用している。

夫妻には、娘ラジュと息子アヌラーグがおり、２人ともヨガの指導を受けている。

結び

第2の祖国における物質的成功にも関わらず、ビクラム・チョードリーは、人生における精神性の重要さを信奉し、人は体が癒された後に瞑想に入らなければならないとしている。彼の言葉を引用すると、「体は呼吸に心を戻すための媒体。体と心の完全な結合…その後、魂へのドアをノックすることができる。」

“The distance between the material world and the spiritual world is breath.
Breath without awareness is material and breath with awareness is spiritual.”

物質世界と精神世界の相違は呼吸である。
意識のない呼吸は物質的、意識のある呼吸は精神的である。

Kryoga
KAMAL'S RHYTHMIC YOGA

10 マスター・カマル

東洋に行った師

世界中でヨガに対する認識が高まり続ける中、東南アジアで最近のヨガの流行を生み出したインドの指導者がマスター・カマルである。

1965年12月23日、インドのアーンドラ・プラデーシュ州、ヴィサカパトナムでシュリニヴァス・スレーシュ・カマルとして生まれた。ドクター・シュリニヴァス・ラージとその妻ジョーティの次男である。子供の頃、病気がちであったため、父は早くから健康のために有酸素運動、柔軟体操、ヨガ、瞑想を教え始めた。軍でボクサーをし、その他の格闘技のインストラクターをしていた父の友人も、スタミナ、スピード、パワーを養うために彼にボクシング、カンフー、空手を教えた。

Boxing
Suresh

若年期

カマルはセブンス・デイ・アドヴェンティスト・スクールに通ったが、生来スポーツ選手である彼はボクシング、格闘技、体操、ヨガにより惹かれた。空手とキックボクシングのマラソン・セッションによく参加し、結果、空手4段の黒帯をとった。彼の個人的な鍛錬と無制限に没頭できる能力も、難しいアーサナの習得を助け、ボディビルでの成功をもたらした。

彼は軍人や大学生を教え始めた。ドラゴン・フィスト・マーシャル・アーツ・スクールを開き、ヴィサカパトナムで初めてキックボクシングのトレーニングを行った。ハイレベルなフィットネスと達成感に向けて、いつも生徒のやる気を引き出すカリスマ性と指導法で、彼の学校は小さな町で人気を博した。

ヨガへの転向

若い頃、カマルはヨガと瞑想を練習したが、彼のヨガへの興味が高まったのは体操で背中と首に深刻な怪我を負い、両膝の靭帯が断裂してしまった後だった。数ヵ月間、ベッドに寝たきりとなり、リハビリにヨガ・セラピーを行った。この頃、彼はアーサナの練習に加え、ラージャ・ヨガと瞑想の練習を試していた。彼はハイインパクトのエアロビクスのデモができるようになるほど回復した。

カマルはヨガの教育において、バガヴァッド・ギータ、ヴェーダ、パタンジャリのヨーガ・スートラに加え、スワミ・マハーデーヴァナンダ、ヴェーダトリ・マハリシの影響を受けた。彼のスピリチュアルなグルは、スワミ・ラーマ（ヒマラヤン・インスティテュートの創設者）の弟子にして、1947年以降、作家と指導者として活動していたマハーマンダレシュワル・スワミ・ヴェーダ・バーラティであった。

カマルは、宗教的すぎず、体に負担をかけすぎない、バランスを強調するヨガのビジョンを発展させた。ヨガはドグマや前提条件から自由でなければならないと考え、彼の創作したクリヨガはこの信念を反映している。ヨガとは、精神的にそして十分に人生を生き抜いている状態がコンスタントに続いている境地でなければならず、それは彼の言葉で言うと、苦行の必要も荒行の必要もない、意識の高い人生である。彼は、意識を広げるためには自己学習が重要だと、繰り返し強調している。

東へ、そしてクリヨガ

彼が海外に渡る決断のきっかけとなったのは、生徒のコメントだった。90年代半ば、スポーツの力量、指導の経験と成功への固い意志くらいしか持ち合わせないまま、カマルはシンガポールへ赴いた。

シンガポールで2年間、苦労して生活しつつ、ヨガを教える夢を実現させようと努力した。建設会社、レストラン、リフレクソロジー・センターでの仕事やセールスマンなど様々な職を経験する傍ら、シンガポール・スポーツ評議会からフィットネス・インストラクターの資格を取得した。ヨガはシンガポールのフィットネス文化の中で事実上まだ知られておらず、骨の折れる戦いだった。

やがて人々の間で、ヨガは健康に欠ける人のためだけの「ソフト」な練習ではないと知られ始めると、カマルの指導者としての人気は広まり始めた。彼は瞑想、アーサナの新しいやり方や、革新的なクラス形式の導入、ヨガの哲学と心理学の講義を行うなどを試みた。クリヨガ（カマルのリズミカルなヨガ）は、古代の体系と近代スポーツ科学の融合から生まれた。彼は、もう1つのスピリチュアルな経験の層を与えるため、また、実践者がへその部分からの呼吸に集中しつつ、労せず楽しくポーズをとれるように、音楽を導入した。

1998年、チェーン展開するカリフォルニア・フィットネスが香港にヨガのクラスを立ち上げるようカマルに依頼し、彼は再び、新しくヨガを始める人にヨガを紹介するポジションに立つこととなった。予想通り、彼のヨガ・クラスの評判は広まり、すぐに1日10～14時間教えるようになった。カマルはシンガポール、マレーシア、香港、台湾、中国をカバーする全アジアのカリフォルニア・フィットネス・センターのヨガ・コーディネーターに就任した。セミナーとヨガ・ワークショップを行うために米国にも出張した。中国のスポーツ当局は北京、成都、上海、広州でのヨガの講義と実演のために彼を招聘した。

夢の実現

2003年、異なるスタイルが融合したヨガとインドの舞踊クラスをともに提供する自らのセンター、プラネット・ヨガを設立した。企業の社員、ビジネス・パーソン、スポーツ選手、俳優、モデル、主婦を教えるうち、彼はあらゆるテイストとニーズに応える実に様々なヨガを考案した。

彼は、消費者が好みのヨガをまさにバイキング形式の中から選べるシステムを作り出した。これらのヨガが提供されている：クリヨガ、クリヨガ・サン・シリーズ、クリヨガ・シャクティ、クリヨガ・ウォーリアー、アシュタンガ・ヴィンヤーサ、ヨガ・コンバット、カーディオ・ヨガ、ハタ・パワー、ヨガ・セラピー、クンダリーニ・ヨガ、マタニティ・ヨガ、プラーナーヤーマ、ヨガ・ニドラー、瞑想（キャンドルライト・メディテーション、ヒマラヤン・メディテーション、マントラ・メディテーション、ナダ・メディテーション、チャクラ・メディテーションなど）。

需要に応えるため、3つの巨大な最新のヨガ・センターが香港に作られた。1日に数クラスを運営し、100人を同時に教えることができる。マスター・カマルのヨガはタイでも熱狂的に受け入れられ、バンコク、チェンマイ、パタヤにセンターが開かれた。現在、タイ、ベトナム、オーストラリアのシドニーに計10のセンターがある。

ヨガの流行が東南アジアに到達し、現在150人以上のインド人指導者がこれらの国々に住み、マスター・カマルのセンターで教えている。21世紀のヨガ指導者として、彼は潜在的視聴者に向けて現代的なメディアをクリエイティブに利用している。DVDやCDを制作し、人気番組をテレビ放送している。彼の夢は、祖国インドにセンターを開くことである。

カマルは日々、アーサナと瞑想の個人練習を続け、ヨガ哲学を日常生活に応用することを信念としている。大きな成功により、時間とエネルギーがますます必要とされるようになっても、週6日指導するという初志を貫徹している。

新しい世界のヨガ

マスター・カマルは恐らく、世界中の文化の異なる人々にヨガを応用する、ヨガの新しい顔だろう。現在、ヨガは皮肉なことに、ヨガが誕生したインドよりも海外で流行していると彼は感じている。カマルは、インド人はオープンな精神を他の文化だけでなく、自国の伝統知識や遺産にも向けることで恩恵を受けられると考えている。身体的なフィットネスのレベルを改善すれば、健康であることで様々な利点を得て、社会的な関係、個人間の関係を豊かにすることができる。

他の多くのハタ・ヨガの師と同様に、カマルも体と心の真の健康が他の分野におけるバランスと成功を導くと信じている。ストレスとプレッシャーの多い現代の世界では、これまで以上にヨガが必要とされていると考え、旅行者のためのヨガ、ビジネスマンのためのヨガ、ゴルファーのためのヨガ、企業のためのヨガといったワークショップを開いている。多忙な人のためにヨガと瞑想を自分のデスクで行うためのCDも作成した。

彼は、ヨガが時代のニーズに合わせてその哲学を応用し、新しいシステムやスタイルを作り直し、適応してきたことで、何千年もの間生き残ってきたと信じる。その間ヨガは、癒しと知恵の普遍的メッセージの中に正しく根を下ろし続けてきたのである。

太平山獅子亭
太平山古稱鼇峰南臨大海北與九龍諸山遙
美我獅子會建亭於芬尼徑側為主亭一前
檻通以月門悉依古制春秋佳日中西人
海港南北兩岸其間朝暉夕陰晴光雨
可以觀賞幽泉怪石可以遊遨而遠近
快亦遊息之佳所也亭之建倡自一九
子規畫其事蒙
置諸費
行接收
應相輔
書是以
之丹楹畫

“Silence of water above a sunken tree:
The pure serene of memory in one man, -
A ripple widening from a single stone
Winding around the waters of the world.”

The Far Field by Theodore Roethke,
American poet, *1908-1963*

水没した木の上の静かな水：
１人の男の純粋で静かな記憶——
１つの石で波紋が広がり、
世界の水を渦巻く

「ファー・フィールド」
セオドア・レトキ（アメリカの詩人、1908-1963）

シャンカ・ムドラー

11 ヨガの未来

広まる影響力

20世紀半ばまで事実上、世界の他の地域で知られていなかったヨガは、今日広く知れわたり、世界中で何百万人もの人が練習している。ヨガはライセンスの発行、認証制度、チェーン展開などの一大ビジネスに発展し、クラス、本、ウェア、DVDなどの商品に何十億ドルが費やされる。

インターネットで「ヨガ」を検索すれば、7,500万件以上がヒットし、どれを選べばいいものか迷ってしまう。スクールと指導者の数、教えられているヨガのスタイルのバラエティは、もっとも熱心な人でさえ圧倒されて余りあるものである。

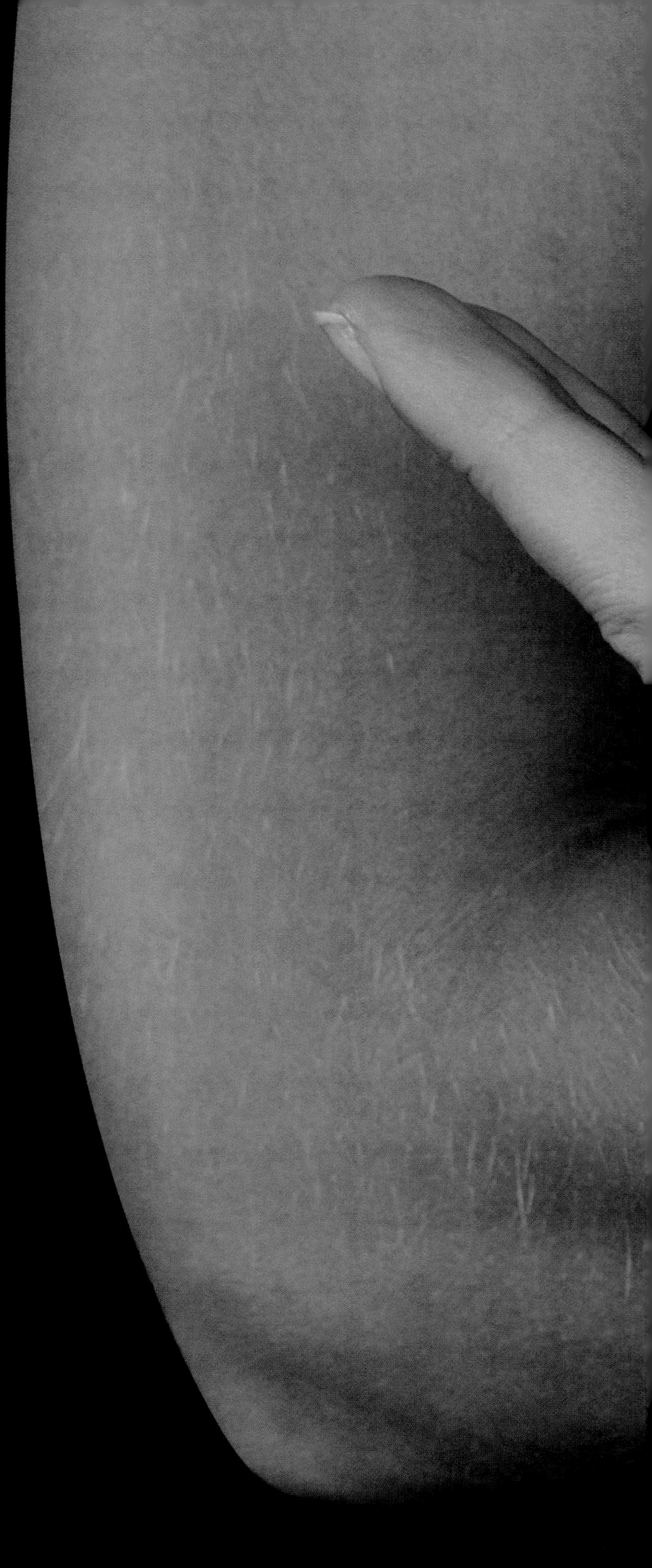

ジュニャーナ・ムドラー

こうした混乱は、多くの指導者が自分のヨガが唯一の「真の」ヨガであると主張することにより、深まる一方である。ある人がヨガは、体を最良の状態に整える激しい運動であるべきだと主張すれば、別のスクールは、ヨガはもっと緩やかにやるべきだと言うだろう。ある人はプラーナーヤーマと瞑想を強調し、またある人はそうした側面にほとんど触れないかもしれない。インストラクターやクラスは不要だと称する本やDVDまである。これらの選択肢や情報を吟味するのに混乱するのも無理はない。

単純な事実は、ヨガは様々な解釈を許すものであり、その活力、有効性、長い歴史、ダイナミズムはそのヨガの性質によるものだということである。本書の目的は最も初期の文献から最近の発展まで、ヨガの姿を示すことだった。ヨガは、現れ、伝えられ、復興され、何世紀もの間、師によって教えられ続けてきた。それぞれの時代のニーズに合わせてヨガを解釈し直し、改革してきたのはこれらの師の才覚と人間性だった。

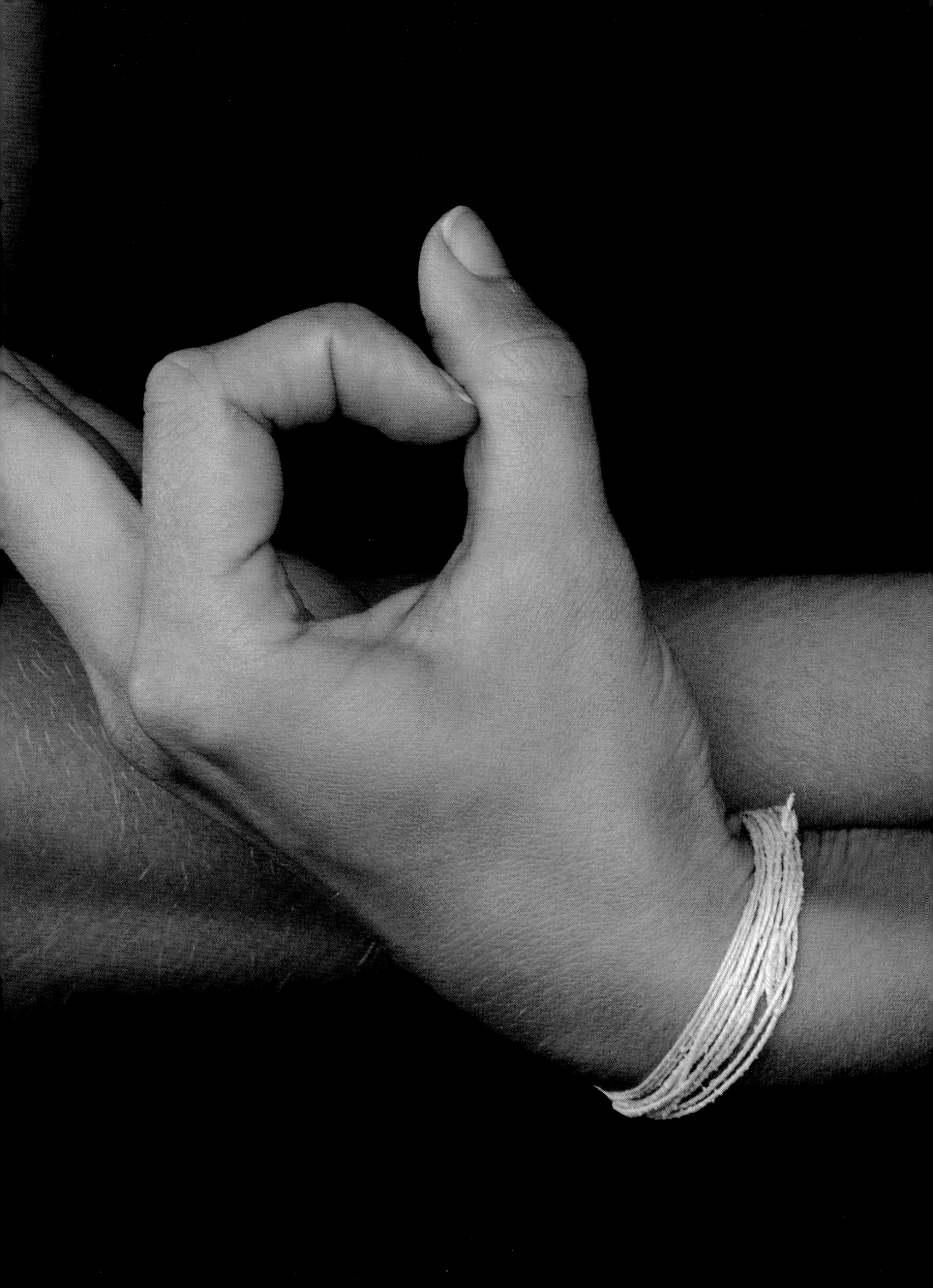

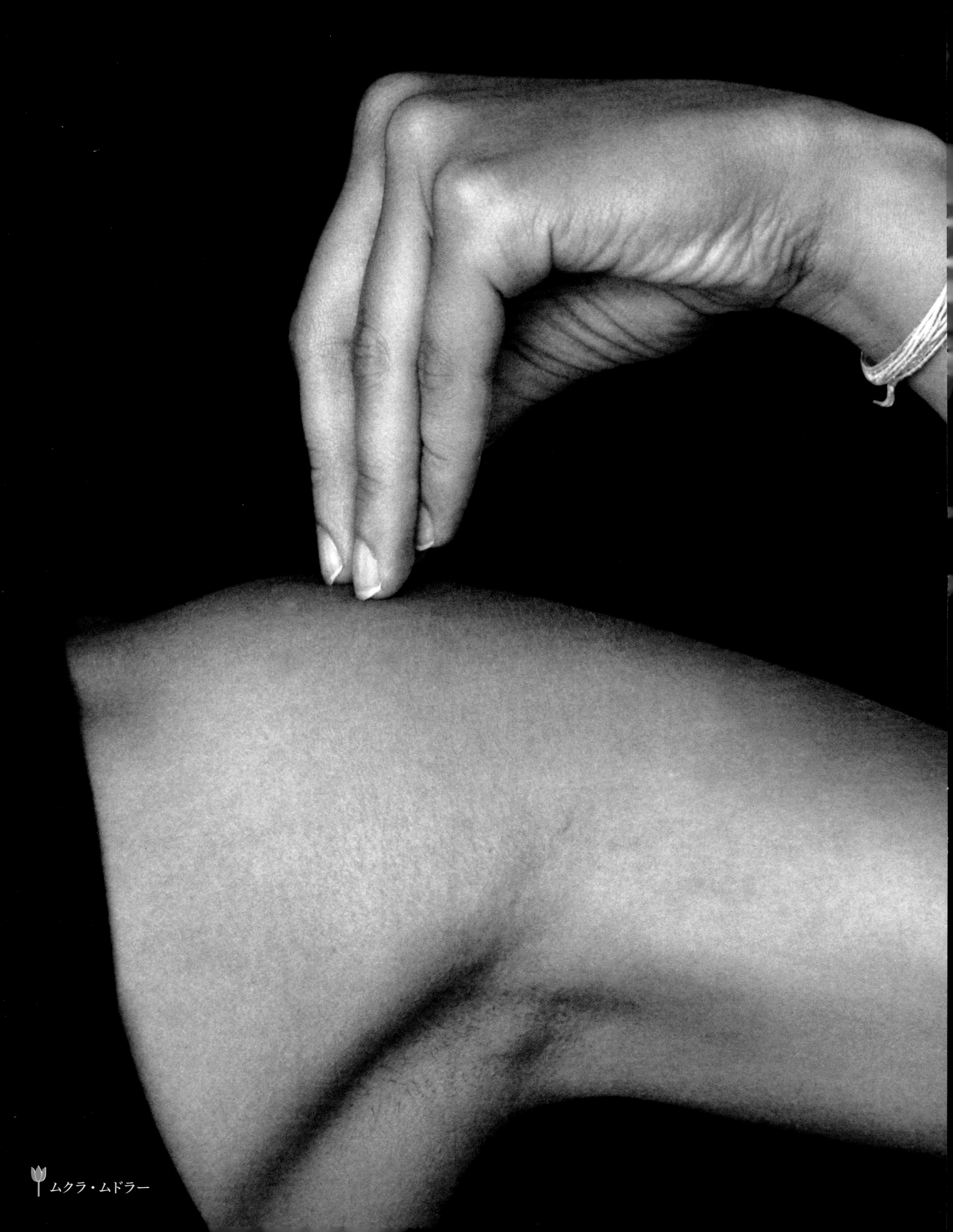

ムクラ・ムドラー

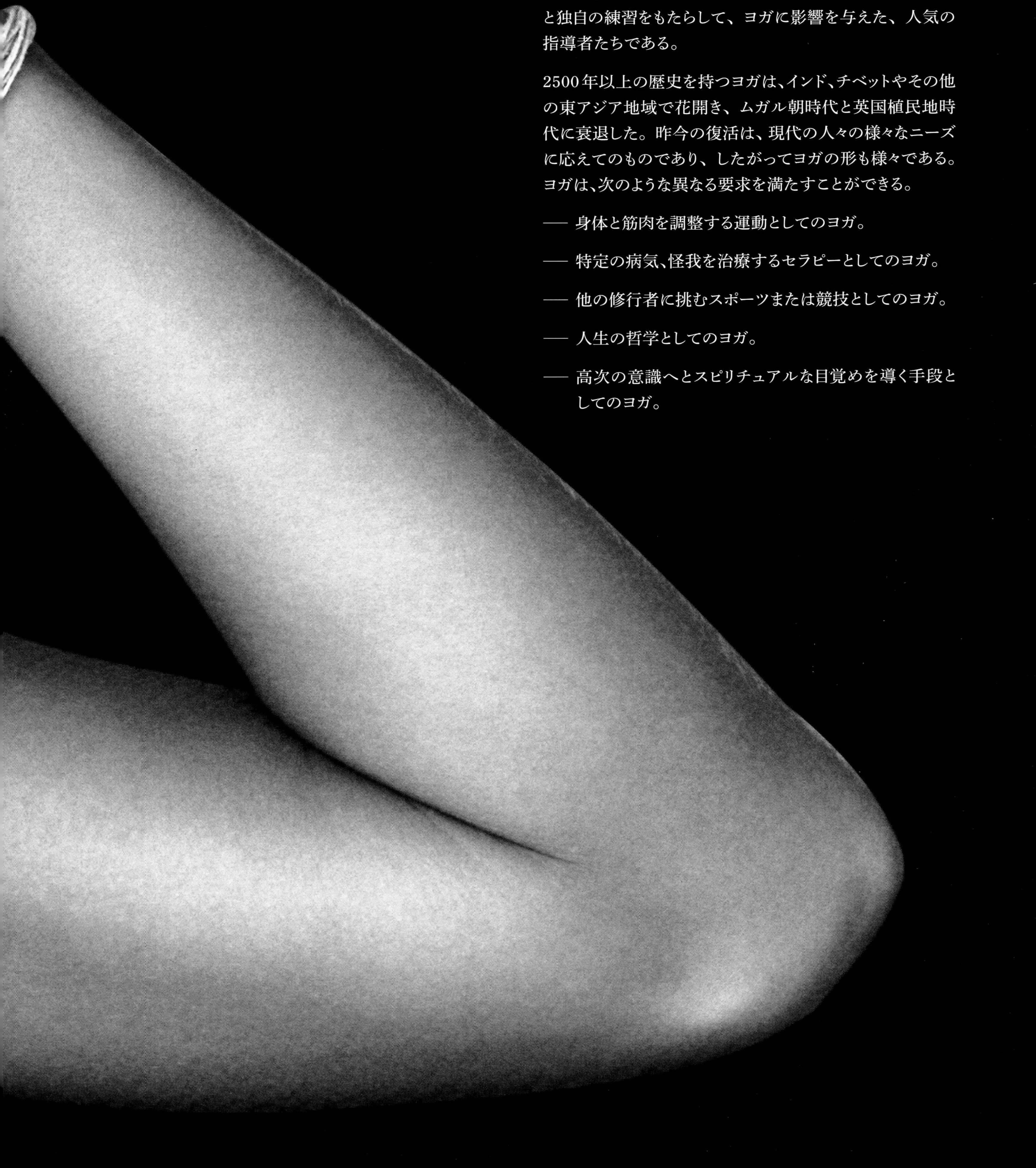

本書で取り上げた指導者たちは、ヨガをインドと海外でメインストリームにもたらした指導者のごく一部に過ぎないということを明確にしておきたい。スワミ・ラーマ（ヒマラヤン・インスティテュート）、シュリ・シュリ・ラビ・シャンカール（アートオブリビング財団）、グル・ジャッギ・ヴァスデーヴ（イシャ・ヨガ・センター）、ヨギ・バジャン、スワミ・ラームデーヴ（ディヴィヤ・ヨガ・マンディル）もまた、新たな発見と独自の練習をもたらして、ヨガに影響を与えた、人気の指導者たちである。

2500年以上の歴史を持つヨガは、インド、チベットやその他の東アジア地域で花開き、ムガル朝時代と英国植民地時代に衰退した。昨今の復活は、現代の人々の様々なニーズに応えてのものであり、したがってヨガの形も様々である。ヨガは、次のような異なる要求を満たすことができる。

── 身体と筋肉を調整する運動としてのヨガ。

── 特定の病気、怪我を治療するセラピーとしてのヨガ。

── 他の修行者に挑むスポーツまたは競技としてのヨガ。

── 人生の哲学としてのヨガ。

── 高次の意識へとスピリチュアルな目覚めを導く手段としてのヨガ。

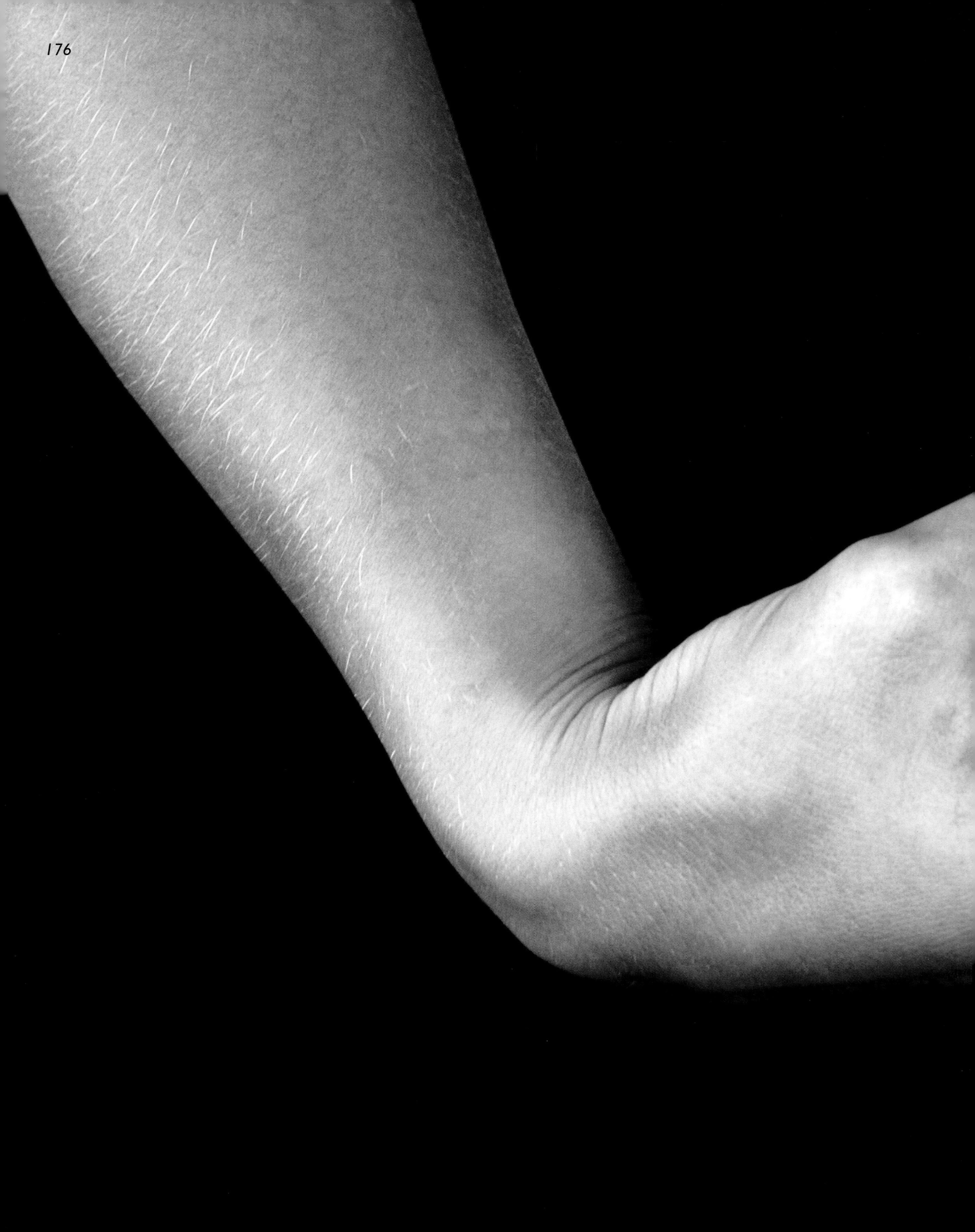

スポーツウェア、ジム、特殊なスポーツ用具、スポーツ関連の医薬品、心理学、理学療法、マーケティング、メディア、マネージメントなど何十億ドル規模のスポーツ産業が隆盛する中にあって、ヨガは極めてシンプルであり、状況を異にしている。ヨガは特別な服装や道具はいらず、横になれるスペースさえあればよい。注目すべきことに、ヨガは現代の技術に頼らずに、現代世界に欠けているものを補い続けている。

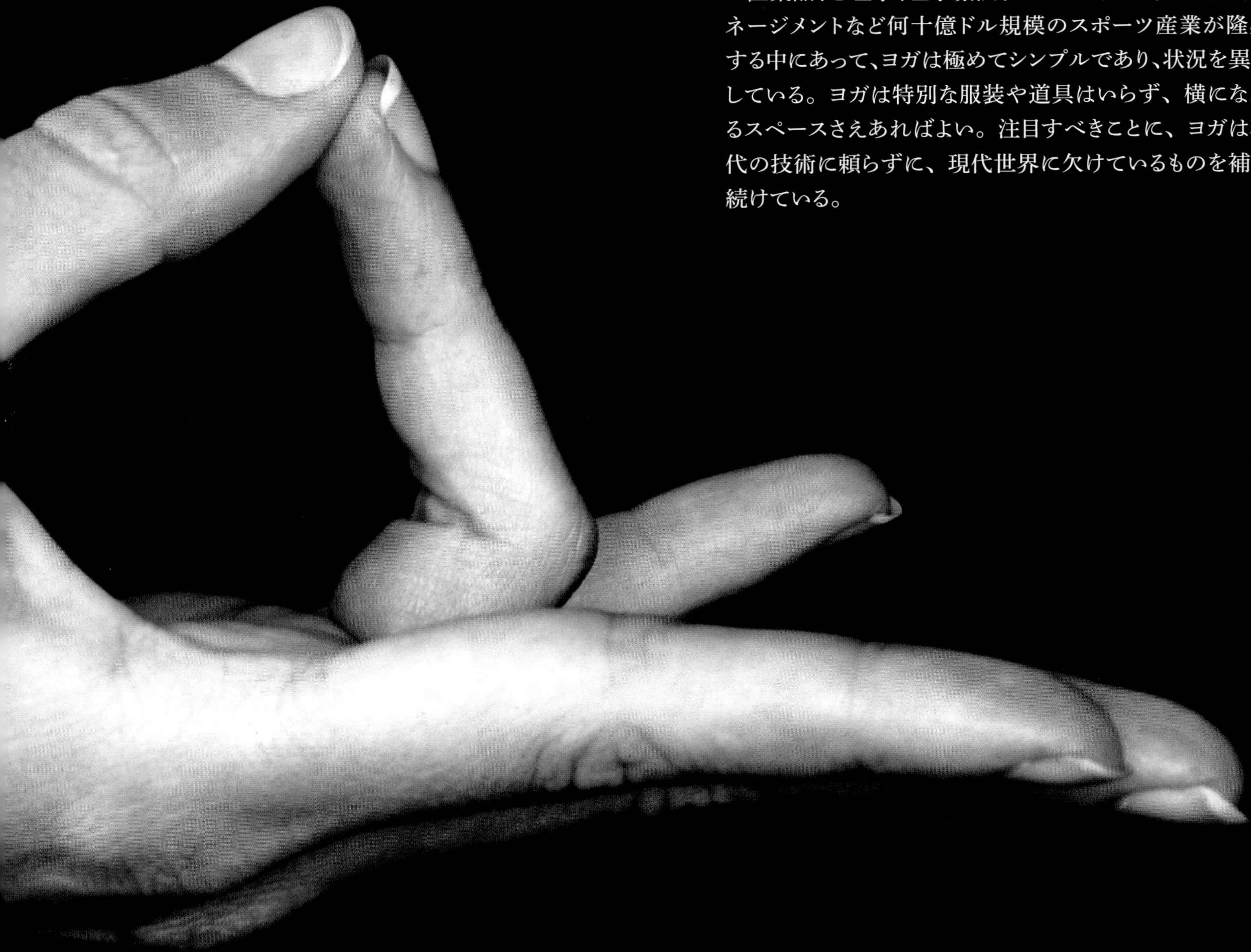

ヨガは成熟した形においては、肉体的、精神的な健康に留まらず、リハビリ、ダイエット、治療、倫理学、心理学、哲学、スピリチュアルをも含む。これらの側面により、ヨガは多くの高度なセラピー、スポーツの訓練プログラムで利用されている。もちろんスポーツ産業も、ヨガのマーケティング案作成やヨガ・センターのチェーン展開などで遅れをとってはいない。

2000年以上前に存在したもので、現代の日常生活に実用的に応用されたものは、それほど多くない。ハタ・ヨガはそうしたものの1つであり、時代を生き延びた上に、恐らく数百年前よりももっと勢力範囲を広げ、有効性を高めている。生き残るために進化する自然界の全てのものと同様に、ヨガが今日あるのは、まさにその適応力による。口承の伝統に根ざしており、知識は師から弟子へと直接伝えられるため、それぞれの師が自分の足跡をヨガの特徴に残していくというユニークな性質を持つ。あたかも川が、過去の全ての流れを集めて流れているかのようである。

現在私たちは、猛烈な消費主義、忙しい生活とストレスに囲まれている。ヨガの静観の修養は、内面の静けさという一時の隠れ家へと私たちを誘う。ヨガは、心拍を抑え、落ち着きを促し、時間を絶え間なく流れるものから単なる「存在」へと変える。

ヨガの修行者が練習に対する感情を表すのに「中毒」という言葉をしばしば使うが、それらは恐らくヨガのこの性質のためだろう。中毒とは快感を得られるから陥るものである。そしてヨガの練習は、完璧なポーズを目指すものというよりむしろ、完全な至福への旅であり、またそうでなければならない。完全さとはしばしば、不変で一定の、かつ永遠のものと定義づけられるが、ヨガは内面の完全さに辿り着くために、豊かな奥深さと多様なスタイルを発展させてきた。

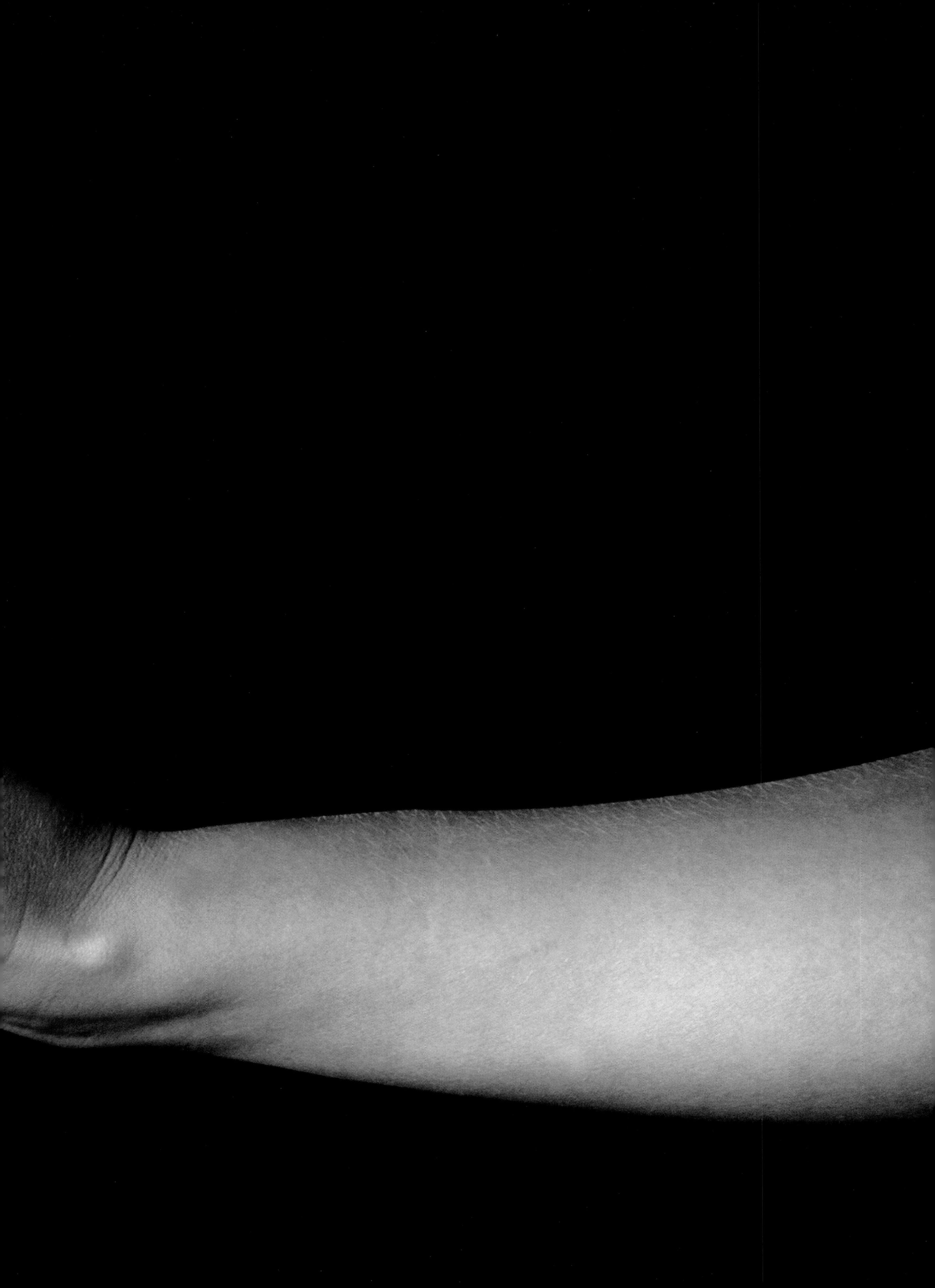

クシェパナ・ムドラー

今日のヨガとその人気は、ヨガの技術を現在の形に仕上げるために、明らかにし、文章にし、指導し、絶えず検証・刷新してきたインドのヨガの師による壮大な貢献なくしては存在し得なかったものである。

ダルマチャクラ・ムドラー

ヨガは、我々の現世的な錯綜に安寧をもたらす古代の
道を、あらゆる年齢の人に平等に示している。

Sarve Bhavantu Sukhinah
Sarve Santu Niraamayah
Sarve Bhadraani Pashyantu
Maa Kaschid-Duhkha-Bhaag-Bhavet

Om Shantih Shantih Shantih

全ての人が幸福たらんことを
全ての人が病から解放されんことを
全ての人が吉兆を見んことを
誰も悲嘆にくれることのなきことを

オーム　シャンティ　シャンティ　シャンティ

GLOSSARY

A

Abhaya Mudra ／アバヤ・ムドラ：「恐れないこと」を意味し、掌を外側にし、上に向ける手印で、保護と願いの成就を約束するもの。

Abhyasa ／アビヤーサ：長期間にわたり持続的に行われる精神的修養。

Acharya ／アチャーリヤ：導師、先生、指導者。

Adharma ／アダルマ：公正でないこと、誤った行い。「ダルマ」の反義語。

Adisesha ／アディシェーシャ：神話に登場するたくさんの首を持つ蛇で、ヴィシュヌ神がその上に横たわる。全ての蛇の王であり、最初に創造されたもの。「アナンタ」「終わりなきもの」とも呼ばれる。「アディ」は「最初の」の意。「シェーシャ」はこの世の終末が来ても「残るもの」を意味する。

Agamas ／アーガマ：アーガマはサンスクリット語の経典の集合で、伝承聖典（スムリティ）と考えられている。シャイヴァ・アーガマは、シヴァ神を究極の真実として崇める。ヴァイシャナヴァ・アーガマはヴィシュヌ神を崇拝し、シャクタ・アーガマは母なる神（シャクティ）を崇める。アーガマは、儀礼、ヨガ、寺院建立における根本的な拠り所となる。

Anahat Laya ／アナハタ・ラヤ：外部に聞こえない体内の無限の音「アナハタ」を通じて意識を溶解すること。オームは静寂であるのに対し「アナハタ」は究極の音。

Ananda ／アーナンダ：通常はブラフマンまたは真我を実現したことによる至福を意味する。

Ananda tandava ／アーナンダ・ターンダヴァ：シヴァ神とパールヴァティ女神による至福の舞踊。

Anjali Mudra ／アンジャリ・ムドラー：掌をわずかに膨らませ胸の前で合わせる印。

Apasmara ／アパスマラ：ヒンドゥー教神話に登場する小人の姿をした無知、無学の象徴。ナタラージャのシヴァ神の右足に踏みつぶされた形で表されている。

Ardhanarishvara ／アルダナーリーシュヴァラ：半身が女性の神。シヴァ神とシャクティの合体したもので、男神が右側、女神が左側に来る。

Asana ／アーサナ：ポーズ、座法。

Ashtanga Yoga ／アシュタンガ・ヨガ：一般的な用法では、パタンジャリのヨーガ・スートラに概説されたヨガの八支則のこと。ヤマ、ニヤマ、アーサナ、プラーナーヤーマ、プラティヤハーラ、ダーラナ、ディヤーナ、サマーディからなる。現代のハタ・ヨガでは、K.パタビ・ジョイスが教えたマイソー

Atman ／アートマン：真我、個我。

Aum ／オーム：“Aum”のほかに“Om”とも綴る。根源的な無限の音で万物はここから生じた。全てのサンスクリット語の祈祷、マントラに出てくる神話的な聖なる音節。通常(Insert the Symbol of Aum here)と表される。

Avatar ／アヴァターラ：地上における神の化身で、通常は特別な目的を持っている。例えばクリシュナは、ヴィシュヌ神の９番目のアヴァターラと考えられ、ダルマ（正義）では克服できない状況に陥った時はいつでも人間の中に現れる。

Ayurveda ／アーユルヴェーダ：古代インドのホリスティックな、自然的な治療の体系で、健康と長命のための体、心、魂の調和とバランスを説く。

B

Badrinath ／バドリナート：ウッタラーカンド州にあるヒンドゥー教の巡礼地。アラカナンダ川の河畔で、海抜3100メートル。中国（チベット自治区）国境付近。

Benaras ／ベナレス：ヴァラナシ、カーシーとも呼ばれる町。ガンジス河畔にあり聖なるガンジス川と寺院特にカーシー・ヴィシュワナート寺院（シヴァ神の寺院）と緊密に結び付けられる。正統派のヒンドゥー教徒は、カーシーで死ねば輪廻転生のサイクルから魂が自由になると信じている。

Bhagavad Gita ／バガヴァッド・ギータ：クリシュナ神とアルジュナの対話の形をとった700節の詩集で、叙事詩マハーバーラタの一部。サーンキヤ哲学とヨーガ哲学からなる。

Bhagiratha ／バギラタ：太陽の王朝のコーシャラ国の伝説的な王。ラーマ王子（ラーマーヤナの）先祖。苦行で得た力で天上の川だったガンガーを地上に下ろした。そのためガンガーはバギラティ（バギラタの娘）とも呼ばれる。

Bhairav ／バイラヴ：シヴァ憤怒の相で、邪悪なものを破壊し、敵から守る。

Bhakti Yoga ／バクティ・ヨガ：神への献信の修養、または道。

Bharata muni ／バラタ・ムニ：ナティヤ・シャーストラを編纂したと言われる聖人。

Brahma ／ブラフマー：ヴィシュヌ、シヴァとともにヒンドゥー教三神の１人に数えられる創造の神。

Brahman ／ブラフマン：梵。至高の存在、不可分の真実。ヒンドゥー教のアドヴァイタ哲学（不二一元論）のスピリチュアルな探求における最終目標。

Buddhi ／ブッディ：直感的な知性、高次の知性。神話では時に、ガネーシャ神の神妃として描かれる。

C

Chidambaram ／チダンバラム：タミル・ナドゥ州にある10世紀のシヴァ派寺院。シヴァ神を擬人化した舞踊の神として、またアーカーシャリンガム(天空、宇宙の形態)として示している。

D

Dakshinamurti ／ダクシナムルティ：「南を向いた姿」の意で、経典と知恵を聖人に解説する指導者としてのシヴァ神の化身。

Dakshineswar ／ダクシネシュワル：カルカッタ郊外のカーリー寺院。ここで母なる女神を崇拝したラーマクリシュナ・パラマハンサと関連付けられる。

Damaru ／ダムルー：砂時計の形をした小さな両面太鼓。シヴァ神とスピリチュアルなエネルギーを連想させるもの。

Darshan ／ダルシャン：一見、見ること。聖なるビジョン、または聖人やグルなど神聖な人を一目見ることを表す。

Devi Bhagavatam ／デヴィ・バーガヴァタム：デヴィ・バーガヴァタムもしくはデヴィ・バーガヴァタ・プラーナは母なる神(デヴィ)に捧げられた経典。シャクタ(シャクティまたはデヴィの信者)にとって重要な文献。ヴェーダの編纂者、ヴェーダ・ヴィヤーサに書かれたとされる。

Dharana ／ダーラナ：ディヤーナ(瞑想)に導く一点への集中。

Dharma ／ダルマ：正義の行い、自らの人生における立場に応じた正しい規則、義務。

Dhyana ／ディヤーナ：サマーディへの道である瞑想。

Durga ／ドゥルガー：デヴィの姿の1つ。母なる神。ドゥルガーとは「無敵」を意味する。10本の腕に武器を持ち、獅子に乗り悪に立ち向かう姿で描かれる。

G

Gajahasta ／ガジャハスタ：ナタラージャのポーズで象の鼻に似せた手の印。シヴァの息子で象の頭を持つ、障害を除去する知識の神、ガネーシャを意味することもある。

Ganga, Ganges, Bhagirath ／ガンガー、ガンジス、バギラタ：ヒマラヤ山脈中央のガンゴートリ氷河を源流とし、ベンガル湾に注ぐインドの聖なる川。正統派のヒンドゥー教徒は、ガンガーの水が全ての罪を清めると信じている。神話ではガンガーは天上から降り立った女神であり、彼女に触れた者を浄化する力を持つ。

Gheranda-Samhita ／ゲーランダ・サンヒター：ヨガの3つの古典文献の1つで、17世紀末頃の作とされる。シャトクリヤ(浄化法)に焦点を当てている。

Grahasta ／グラハスタ：家住期。家族を持つ時期。ヴェーダが規定する人生の4つの段階の2つ目。他の段階はブラフマチャリヤ(学生期、独身の学生時代)、ヴァナプラスタ(林棲期、物の所有を止め隠棲する時期)、サンニャーサ(遊行期、出家の時期)。

Gunas ／グナ：自然の全てを支配する質、形態。サットヴァ、ラジャス、タマスからなる。

Guru Dakshina ／グル・ダクシナ：グルの教えに感謝し、グルに恩返しする伝統。必ずしもお金である必要はなく、グルの命を聞くという形をとることもある。

Gurupurnima ／グルプルニマ：ヒンドゥー教のアーシャード月(7〜8月頃)の満月の日で、グルへの祈祷、礼拝が行われる。

H

Hatha yoga ／ハタ・ヨガ：肉体的な浄化のヨガで、体を瞑想とサマーディにふさわしい状態に整えるためのヨガ。アーサナ(ポーズ)とプラーナーヤーマからなる。

Hatha-Yoga-Pradipika ／ハタ・ヨガ・プラディーピカ：15世紀にインドでスヴァートマーラーマによって編纂された、ハタ・ヨガの古典文献の1つ。他の2つは、シヴァ・サンヒター、ゲーランダ・サンヒター。

I

Indra ／インドラ：ヒンドゥー教の天界、スワルガローカの神で、神々の王(超越的存在)。戦いの神であり、彼の武器はヴァジュラ(稲妻、金剛杵)。マハーバーラタに登場するパンダヴァの王子、アルジュナはインドラの子。

Indus Valley ／インダス渓谷：インド亜大陸の西部、北西部(現在はほとんどがパキスタン領)に位置する古代文明(紀元前3300〜1700年頃)の発祥の地。

Ishwara ／イーシュワラ：イーシュヴァラとも言う。至高の存在、神。

J

Jivanmukta ／ジーヴァンムクタ：人間の体(ジーヴァン)に留まりながら、輪廻転生のサイクルから自由になった(ムクタ)もの。

Jnana Yoga ／ジュニャーナ・ヨガ：知識の道。知性による真我の探求で神に到達するヨガ。

K

Kali ／カーリー：黒い肌を持つシャクティの女神、母なる神。舌を外に突き出し、骸骨の首飾りをかけた姿で描かれる。善良な者を守り、悪を倒す憤怒相の女神。

Karma ／カルマ：業。心と言葉と行いにおける行状。ヒンドゥー教哲学の「因果応報」の原則。

Karma Yoga ／カルマ・ヨガ：正しい行いの道。奉仕に基づいた行い。

Koshas／コーシャ：永遠の真我を納める5つの鞘。微細な層から粗大な層まであり、アーナンダマヤ・コーシャ(歓喜鞘)、ヴィジュニャーナマヤ・コーシャ(理知鞘)、マノマヤ・コーシャ(意思鞘)、プラーナマヤ・コーシャ(生気鞘)、アンナマヤ・コーシャ(食物鞘、肉体)からなる。

Krishna／クリシュナ：ヒンドゥー教神話で、ヴィシュヌ神の9番目のアヴァターラ。王子として生まれ、牛飼いをし、マハーバーラタではバガヴァッド・ギータの対話で師の役割を担った。

Kriya Yoga／クリヤ・ヨガ：マハアヴァター・ババジによって復興されたといわれる技法。セルフ・リアリゼーションに至るため、肉体と微細体を浄化する技法。

Kriyaban／クリヤバン：クリヤ・ヨギ。クリヤ・ヨガの実践者。

Kundalini／クンダリーニ：微細なエネルギー(シャクティ)の1つで、根のチャクラにいるとぐろを巻いた蛇の形で表される。クンダリーニは、ヨガにより「覚醒」すると、とぐろを開いて上昇する。それぞれのチャクラを通過する際にチャクラの潜在力を活性化し、最後は至高神(シヴァ)と合一して、ニルヴァーナの至福に至る。

L

Lingam／リンガム：サンスクリット語で、「印、記号、男根」の意。シヴァ信仰の対象で、抽象的な円筒形をしている。形のないもの、非顕現のものに先立つ最も素朴な信仰の形。

M

Mahabharata／マハーバーラタ：インドの二大叙事詩の1つ。偉大なバラタ族のパンダヴァ5王子とカウラヴァ100王子の王権を巡る骨肉の争いを描いたもの。

Mahabhashya／マハーバーシャ：「偉大な注釈書」の意で、パーニニのサンスクリット語文法に対する紀元前2世紀の解説書。一般にパタンジャリの作とされている。

Mahadeva／マハーデーヴァ：シヴァ神の別名。「偉大な神」の意。

Mahakala／マハーカーラ：「偉大な時間」を意味し、破壊神シヴァの別名。全ての名と姿が融合したもの。仏教では「偉大な黒」、生きとし生けるものの目的である究極の真実を意味する。

Mahasamadhi／マハーサマーディ：自己覚醒した師が自ら選んで肉体を去ること。

Mahayogin／マハーヨギン：偉大なヨギ。

Manasarovar／マナサロヴァル：チベット自治区に位置する世界で最も高所にある淡水湖。ヒンドゥー教徒と仏教徒の主要な巡礼地。その聖なる水で沐浴すれば、全ての罪が清められるとされている。

Math or Mutt／マット、マタム：ヒンドゥー教の宗教施設、僧院。

Maya／マーヤー：幻影。多くの意味を持つが、一元論的ヒンドゥー教哲学においては認識される真実の幻の面を表し、その向こうにある絶対的真実を包み隠す。また、母なる神の意味では、マーヤーは我々を幻惑する力と解放する力の双方を持つ。

Mimamsa／ミーマーンサー学派：ヴェーダ聖典の権威を認めた正統派のヒンドゥー教哲学6学派（六派哲学）のうちの1つ。ヴェーダの祭祀の重要性を強調した。

Moksha／モクシャ：解脱、ニルヴァーナ（涅槃）。生まれ変わりのサイクルからの放免。

Mount Kailash／カイラス山：チベット語でカン・リンポチェと呼ばれるカイラス山はヒンドゥー教徒、仏教徒の双方にとり神聖な山。チベットのヒマラヤ山脈に位置し、インダス、サトレジ、ブラフマプトラの各水系の源となっている。神話では、シヴァ神が住んでいるとされ、近くにはマナサロヴァル湖があり、登山家は立ち入り禁止となっている。

Mount Sumeru／スメール山、須弥山：仏教神話の世界の中心にそびえる聖なる山。ヒンドゥー教神話にもメール山という同様の山があり、関連性が認められる。

N

Nagas／ナーガ：ヒンドゥー教神話に出てくる超越的存在の蛇。

Nammazhwar／ナンマールヴァール：9世紀の著名なタミル・ヴィシュヌ派の聖人。

Nandi／ナンディ：シヴァ神の乗り物である牡牛。

Nataraja／ナタラージャ：シヴァ神の名前の1つ。舞踊家の王の意。

Nath yogis／ナート・ヨギ：ヨガの修練により身体を変化させて行こうとする一派。アディナートとしてのシヴァ神が彼らの最初のグル。その後、人間のグルとしてはマツィエンドラナートとゴラクナートがおり、シヴァとパタンジャリのヨガを合体させた。

Nathamuni／ナータムニ：9世紀のタミル・ヴィシュヌ派の聖人。ナンマールヴァールからヴィシュヌ派の土台となるディヴヤ・プラバンダム(タミル・ヴェーダ)として知られる4000の聖歌の教えを受けた。

Natya Sastra／ナーティヤ・シャーストラ：紀元前200年〜紀元後200年頃の聖仙バラタの手によるとされる経典。芸術に関する最古の基礎的文献で、演劇、舞踊、衣装などあらゆる演出技法を含み、音楽と楽器に関して詳細な指示を与えている。

Nirguna／ニルグナ：属性のないこと、自然界の全てのものに影響するグナ（質）を超えたもの。ブラフマン、至高意識のための記述形容詞。

Nirvikalpa Samadhi／ニルヴィカルパ・サマーディ：無分別三昧。自己の魂も含め何も存在しない「実在」の状態。悟りに向けた努力の最後の結果。「全体」だけがある。

Nishkama karma／ニシュカマ・カルマ：結果への執着なしに行われた行為。その行為は行為者をカルマのサイクルに縛り付けない。

Nyaya ／ニヤーヤ：ヴェーダ聖典の権威を認めた正統派のヒンドゥー教哲学６学派（六派哲学）のうちの１つ。論理学に基づいた方法論を支持する。

O

Om ／オーム：Aumの項を参照。

P

Panini ／パーニニ：紀元前５世紀頃の文法学者。サンスクリット語文法の規則に関する彼の包括的論文はアシュターディヤーイー(８つの章の意)と呼ばれる。

Paramatman ／パラマートマン：絶対的な魂。その中に万物が存在する至高意識。

Paramhansa ／パラマハンサ：「至高の白鳥」を意味し、悟りを開いた覚醒者に贈られる称号。白鳥は牛乳と水を分けられる神秘的な力を持つとされ、同様に真の師も幻影から真理を区別できるというところから来た言葉。

Parvati ／パールヴァティ：シヴァ神妃の名の１つ。サンスクリット語の「パールヴァタ」は「山」を意味する。パールヴァティは山の神の娘で、山の女性形がその名となった。

Pasupati ／パシュパティ：シヴァ神の名の１つで、獣の王。下等なものから高等なものまであらゆる生物が近づくことができる。

Philology ／文献学：古代の文献、言語の研究。文献批判、歴史言語学を含む。

Prabhamandala ／プラバマンダラ：光または火の聖なる輪。

Prakriti ／プラクリティ：自性、動力因、物質原理。ヒンドゥー教の哲学では、プラクリティは、鈍重なタマス、活動的なラジャス、バランスのとれたサットヴァの３つのグナ（質）からなる。プルシャ(真我）と対をなす女性原理でもある。

Pranayama ／プラーナーヤーマ：万物に生命を吹き込む「プラーナ」、生命の気、霊妙なエネルギーをコントロールすること。

Puja ／プージャ：ヒンドゥー教徒が自分の選んだ神に宗教儀礼を行うこと 。

Purusha ／プルシャ：真我。純粋精神。プラクリティと対をなす男性原理。

R

Radha ／ラーダー：ヴリンダーバンの牛飼い娘の１人。最も熱心なクリシュナの献身者。しばしばラーダー・クリシュナとしてクリシュナとともに崇拝の対象とされている。

Raja yoga ／ラージャ・ヨガ：「王の道」、ヨガの王道を意味し、悟りに至るために瞑想を通じて心を鍛錬すること。ヨガの中で最も難しい。

Rajas, rajasic ／ラジャス、ラジャシック：激質。３つのグナ(質)の１つ。激情、活動の質。

Rudra ／ルドラ：古代ヴェーダの嵐の神。シヴァ神の姿の１つ。

Rudra tandava ／ルドラ・ターンダヴァ：憤怒の相を表したシヴァ神の破壊の舞踊。

S

Sadhana ／サーダナ：長期間にわたる持続的、徹底的練習。ヨガ、音楽、瞑想、舞踊等のあらゆる芸術、技術に使用できる言葉。

Sahaja Samadhi ／サハジャ・サマーディ：サマーディが自然な状態。その人の自然な状態が常に至福に満ちた神との合一の状態にある。

Samadhi ／サマーディ：パラマートマン、すなわち至高の存在との至福に満ちた合一の状態。精神的探求のゴール。

Samskaras ／サンスカーラ：経験から集められた潜在意識の印象。繰り返されたサンスカーラが集合すると、ヴァーサナー(行動パターンの傾向)となる。

Sankhya or Samkhya ／サーンキヤ学派：インド古典の六派哲学の中で最も古いもので、カピラがその祖。ヨーガ学派とも密接に関わっている。宇宙はプルシャ（存在、意識）とプラクリティ(物質）の２つの実体から成ると説く。

Sanyasa or Sannyasa ／サンニャーサ（サニヤーサ、サンヤーサ)：出家遊行。霊的な真我の探求のために物質的世界を放棄すること。

Sanyasi or Sanyasin ／サニヤーシ、サニヤーシン：サンニャーサの世界に入った人のこと。

Saraswati ／サラスワティ：ヒンドゥー教の学問の女神。創造神ブラフマーの神妃。

Sastra, scripture ／シャーストラ：経典、権威ある文献。

Sattva, sattvic ／サットヴァ、サットヴィック：純質。３つのグナ(質)の１つ。バランス、調和、純粋性を表す質。

Self Realization ／セルフ・リアリゼーション：自己覚醒。絶対的実在、不滅の我と合一すること。マーヤーのベールの向こうにある。

Shaivism ／シャイヴィズム：シヴァ派。シヴァ神を信仰する一派。

Shakti ／シャクティ：シャクテイは男神、女神それぞれの神の中の女性エネルギー原理。

Shiva ／シヴァ：ヴィシュヌ、ブラフマーと並ぶ、ヒンドゥー教三神の１人。破壊神とも呼ばれるが、再生、復活のサイクルとも関連づけられる 。

Siddha ／シッダ：「シッディ」を達成した師。自己覚醒した師は、全知全能の遍在する神と共にあるため、常にシッダである。しかし、シッダが皆覚醒者だとは限らない。

Siddhis ／シッディ：霊的な修練を多く積んだ結果得られる超常的能力。空中浮揚、千里眼、２ヵ所に同時に出現する能力、原子のサイズになる能力、物質化の能力、過去世の記憶にアクセスする能力などを含む。

Siva-Samhita ／シヴァ・サンヒター：ヨガの古典サンスクリット語文献3つのうちの1つ。成立は17～18世紀頃。

Srimad Bhagavatam ／シュリーマド・バーガヴァタム：バーガヴァタ・プラーナとも呼ばれる。至高神（この文献ではヴィシュヌ神が至高の存在）との合一を達成する手段として献身の道(バクティ・ヨガ)を賛美したプラーナ文献。

Surya ／スーリヤ：ヒンドゥー教の太陽の神。太陽礼拝(スーリヤ・ナマスカーラ)はスーリヤに捧げるもの。

Sutras ／スートラ：サンスクリット語で「糸」を意味する。大きな思想を一まとめにする簡潔な詩句、格言を指す。

Swami, swamini ／スワミ：通常、宗教的な出家者にあたえられる称号。サンスクリット語の「自己に対する統制」の意から。

Swara sadhana ／スワラ・サーダナー：1日のうちの時間、月齢、方角に調和した呼吸を意識する練習。

T

Tamas, tamasic ／タマス、タマシック：暗質。3つのグナ（質）の1つ。鈍重、冷淡、無知、堕落、暗黒の質。

Tandava ／ターンダヴァ：創造、維持、破壊を象徴したシヴァの神の舞踊。

Tantra, tantric, tantrism ／タントラ、タントリズム：インドの伝統的秘儀で、スピリチュアルな、または現世的な目的のために、ヨガや他の修練で霊妙なエネルギーを制御しようとするもの。

Tapas, tapasya ／タパス、タパシヤ：徹底的な精神的修行。断食、瞑想、沈黙を守る行などを行い、スピリチュアルな明晰さ、清めを得る。サンスクリット語の「熱」から。

Tilak ／ティラク：ヒンドゥー教徒が額につける聖なる印。信仰する神により、印の色と素材が異なる。灰で横に引いた複数の線はシヴァ神。白檀の縦方向の印はヴィシュヌ神。朱色の点は母なる女神。

Tristhana ／トリスターナ：アシュタンガ・ヨガにおいて、シリーズの中の各動きに伴われる3つの側面のこと。すなわち、ポーズ、呼吸、視点(アーサナ、プラーナーヤーマ、ドリスティ)。

U

Ujjayi ／ウジャイ：主にアシュタンガ・ヨガで使用される呼吸の技法。吐く息と吸う息の長さは同じにし、わずかに締め付けた声門に息を通して摩擦音をさせる。

Uma ／ウマー：シヴァ神妃の名の1つ。

Upanishads ／ウパニシャッド：奥義書。ヴェーダの一部でヴェーダーンタ哲学の精神的内容の中心。形而上学と瞑想を扱う。

Urdhva tandava ／ウルドヴァ・ターンダヴァ：片足を頭の上に持ち上げて伸ばす難しいポーズのあるシヴァ神の舞踊。

V

Vairagya ／ヴァイラーギヤ：離欲。執着しないこと、物質世界における苦痛と快楽の放棄。

Vaisheshika ／ヴァイシェーシカ学派：ヒンドゥー教の六派哲学の1つ。ニヤーヤ学派と緊密な関係にあり、あらゆる物質は、至高の存在、パラ・ブラフマンの意思により、「パラマーヌ」（原子）で作られていると提唱する。

Varanasi ／ヴァラナシ：ベナレスの別名。

Varaprasadam ／ヴァラプラサダム：神が喜んで恩恵(ヴァラ)を授ける慈悲の気持。

Vasanas ／ヴァーサナー：習気《じっけ》、薫習《くんじゅう》、傾向。態度や行動を起こす生来の、もしくは潜在意識下の習慣のパターン。それらは経験を通じて作られた潜在意識的な印象（サンスカーラ）の結果である。これらのサンスカーラは潜在意識の中で組み合わさり、ヴァーサナーとなる。

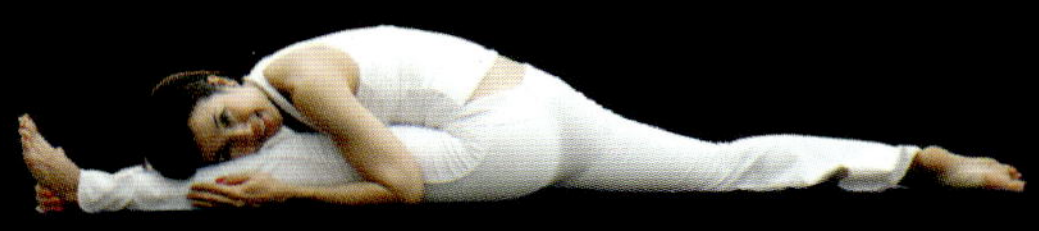

Vedas ／ヴェーダ：最古のサンスクリット語文学、ヒンドゥー教の最も古い聖なる文献。当初は誦読して記憶される口承の伝統の中で受け継がれていた。ヴェーダ哲学には、ミーマーンサー、ニヤーヤ、サーンキヤ、ヴェーダーンタ、ヴァイシェーシカ、ヨーガの6つの学派がある。

Vedanta ／ヴェーダーンタ学派：正統派ヒンドゥー教哲学の6学派の1つ。実在の性質の探求を扱う。「ヴェーダの真髄」とも訳される。

Veena ／ヴィーナ：カルナティック(南インド古典音楽）で使用される弦楽器。ヒンドゥー教神話では、学問と芸術の女神、サラスワティの楽器とされる。

Vinyasa yoga ／ヴィンヤーサ・ヨガ：決まったシークエンスの中の一連のポーズ。

Viraja homa ／ヴィラジャ・ホーマ：ヒンドゥー教で僧院に入門する際の儀式。浄化の儀式や聖なる火への奉納などがある。

Vishnu ／ヴィシュヌ：ブラフマー、シヴァと並ぶヒンドゥー教三神の1人で、宇宙のバランスを維持する神。

Y

Yoga ／ヨーガ学派：正統派ヒンドゥー教哲学の6学派の1つ。真我と物質の二元論を説くサーンキヤ学派と緊密な関係にある。ヨーガ学派の土台となる文献は、バガヴァッド・ギータ、パタンジャリのヨーガ・スートラ。

Yogashala ／ヨガシャラ：ヨガの指導、練習が行われる学校。

Yogi, yogin, yogini ／ヨガ、ヨギン、ヨギーニ：ヨガを行ずる人のこと。

日本の読者の皆様に

このたびガイアブックスから『インドのヨガ　偉大な師たち』という大変深い洞察と示唆に満ちた本が刊行されました。監修者としまして心よりうれしく思います。

この本はバガバッドギータやヨーガストラというヨガの最高の聖典をよりどころとして深遠なる思索と透徹した独自の視点でヨガの本質とは一体なにかが大変わかりやすく書かれています。

また９人のインドの偉大なるヨギの個性豊かな伝記を著者自ら徹底した取材の上、偉人たちの何が偉大であるか、ヨガの素晴らしさとは何かが実に見事に浮き彫りにされています。そして私たちに偉大なるヨギをより身近な存在として感じさせてくれます。

近年すさまじい世の中の価値観の変革とともに人々の不安、怖れ、対立が広がりそれと比例するかのようにヨガが爆発的に広がっています。このような激動の時代こそ一人でも多くの方がこの本に出会いヨガの原点に戻って生きる指針の光を見つけていただきたいと願います。

インドのインターナショナルヨガフェスティバルにて著者に初めて出会い日本で出版を依頼された後も幸い大勢の方のお力添えとご支援を承り今回出版される運びとなりました。

著者のビラード氏そしてこの本が出版に至るまでご尽力いただいた塩崎氏そしてガイアブックスの平野陽三社長、吉田初音氏そしてなにより永遠の英知であるヨガに導いてくださった偉大なる９人のヨギに心より感謝の意を表します。

日本でひとりでも多くのヨガ愛好者にこの本が届くことを願って監修の言葉に変えさせていただきたいと思います。

橋本　光

著者：
ビラード・ラージャラーム・ヤージニク
(Birad Rajaram Yajnik)
作家、講演家、キュレーター、写真家。ワシントンD.C.のハワード大学にて、マーティン・ルーサー・キングJr.とマハトマ・ガンジーのモニュメント「KING - Gandhi Wall」を制作。2014年7月、南アフリカ・ヨハネスブルグのコンスティテューションヒルで開催されたネルソン・マンデラとマハトマ・ガンジーの初めてのデジタルエキシビションにキュレーターとして参画。2010年、ガンジーに関する限定版著書『MKG - Imagining Peace Truth Ahimsa』がニューヨークのメトロポリタン美術館でプレビュー後、国際非暴力デーの場で国連総会議長によって公式発表された。2013年1月にカイロとジャイプル文学祭でヨーガのルーツの講演者として参加。2013年5月に南アフリカに招待され、ヨハネスブルグのソウェトとダーバンのダーバン工科大学でマハトマ・ガンジーについての連続講義を行った。また、独創的な共同美術制作でアヒンサー・ハーレイを創造。彼の著作は9か国語に翻訳され、世界のさまざまな国・地域で読まれている。現在はマハトマ・ガンジーのデジタル・インタラクティブ・ミュージアム「Peace Truth Ahimsa」の展示を手掛けるほか、ブログ「Mahatma Gandhi in the 21st Century」を公開中。

推薦：
木村 慧心 (きむら けいしん)
1947年群馬県前橋市生まれ。1969年東京教育大学理学部卒業。スワミ・ヨーゲンシヴァラナンダ大師より聖名(ギヤーナ・ヨーギ)を拝受して得度し、ラージャ・ヨーガ・アチャルヤ(阿闍梨)となり、ラージャ・ヨーガ指導を開始。現在、ヨーガや内観法をもとにヨーガ療法士養成講座等の研修会、講演活動等に従事。鳥取県米子市在住。一般社団法人日本ヨーガ療法学会理事長。日本アーユルヴェーダ学会理事。日本ヨーガ・ニケタン代表。一般社団法人日本統合医療学会理事。米子内観研究所所長。

監修者：
橋本　光 (はしもと ひかる)
1950年京都市生まれ。23歳の時ヨガと出会い、ヨガの道を歩む。25歳から2年間ヨガ研修及び修行、指導を目的に世界29か国をめぐる。オランダで1年間ヨガを教え、帰国後本格的にヨガ指導を始める。1993年に日本フィットネスヨーガ協会を設立。その後、大手のフィットネスクラブのヨガプログラムのプロデュースはじめフィットネス業界に広くヨガを普及し、さらに企業や行政、学校、官公庁など様々な分野において全国レベルでヨガを展開中。海外では毎春インドリシケシで開催されるパラマータニケタン主催のインターナショナルヨガフェスティバルに過去8年出演し、パラマータニケタンジャパンとして日本語版公式HPページの運営管理をはじめ推薦状の発行等諸々の活動をおこなっている。ヨガ関係の本を多数、執筆、監修、翻訳する。日本フィットネスヨーガ協会代表。パラマータニケタンジャパン代表。日本シニアヨーガ協会代表。

訳者：
塩崎 香代 (しおざき かよ)

The Great Indian Yoga Masters
インドのヨガ　偉大な師たち

発　　行　2014年11月1日
発 行 者　平野　陽三
発 行 所　株式会社ガイアブックス
〒169-0074 東京都新宿区北新宿 3-14-8
TEL.03(3366)1411　FAX.03(3366)3503
http://www.gaiajapan.co.jp

ISBN978-4-88282-928-7 C0077

Printed in India by Ajanta Offset & Packagings Ltd., New Delhi

VISUALQUESTBOOKS
(A Division of Visual Quest India)
Email: mail@visualquestbooks.com
www.visualquestbooks.com

クリエイティブ・ディレクター：ビラード・ラージャラーム・ヤージニク／表紙デザイン：ビラード・ラージャラーム・ヤージニク／本文デザイン：バヴナ・ルトラ・タネージャ、ムルリ、キショール M ／写真：ビラード・ラージャラーム・ヤージニク／編集部：ウシャ・クッティ・ジュマン、ディーパ・グンティ、マリ・ミリコスキー、NN パスパティ、ティトゥス K ／制作支援：スリダール K ／謝辞：ヒレンドラナート、セトゥ・マダヴァン、トレーシー・ヤング、イヴェッテ・ティー、アイシャ・アジーズ、ヨガ・サンクチュアリ(トロント)、カリフォルニア WOW (タイ)、プラガティ・オフセット株式会社